Vie de la Bienheureuse

Anne de Saint-Barthélemy

Compagne de Sainte Térèse

RODEZ

IMPRIMERIE CARRÈRE

(Maison fondée en 1624)

1918

Vie de la Bienheureuse
Anne de Saint-Barthélemy
Compagne de Sainte Térèse

Bienheureuse Anne de Saint-Barthélemy

(D'APRÈS UN ANCIEN PORTRAIT)

Vie de la Bienheureuse

Anne de Saint-Barthélemy

Compagne de Sainte Térèse

RODEZ

IMPRIMERIE CARRÈRE

(Maison fondée en 1624)

1918

DÉCLARATION DE L'AUTEUR

En esprit de pleine soumission aux prescriptions de la Sainte Eglise et particulièrement au décret d'Urbain VIII, l'auteur de la Vie d'Anne de Saint-Barthélemy *déclare que les qualificatifs* saint *et* miraculeux, *employés dans cet ouvrage, ont une valeur purement humaine et ne préjugent aucunement les décisions infaillibles du Saint-Siège.*

PRÉFACE

DE

Monseigneur NÈGRE, Archevêque de Tours

Archevêché de Tours   Tours, le 7 mars 1918.

Ma Révérende Mère,

C'est une pensée du Ciel qui vous a inspiré de faire écrire, au milieu des mouvements de cette guerre mondiale, une vie de la Carmélite espagnole devenue française, la Mère Anne de Saint-Barthélemy. N'est-ce pas en ce même temps de batailles et de sang, que l'Eglise l'a glorifiée en la déclarant Bienheureuse ? Il y a là un secret de la Providence qui se laisse entrevoir, si l'on observe que l'humble religieuse fût envoyée par Dieu en France pour y arrêter les ravages de l'hérésie Luthérienne, l'invasion allemande d'alors.

La Touraine lui doit son Carmel, et ce Carmel lui doit son esprit de ferveur et de paix, le véritable esprit de sainte Térèse, qui l'anime encore aujourd'hui. Le bienfait a trop de prix à nos yeux pour qu'il nous soit permis, en cette circonstance, de nous taire, sans déposer aux pieds de la Bienheureuse le témoignage d'une vive gratitude.

Le zèle apostolique de la Carmélite ne se borna pas à une province. En introduisant en France la vraie réforme Térésienne, elle fut la bienfaitrice de la nation entière. Dire cela n'est pas une exagération. La grandeur d'un pays ne se forme pas uniquement de richesses temporelles et de puissantes armées ; il lui faut encore et surtout des saints, des âmes de Dieu, ennemies de tous les égoïsmes, généreuses et surnaturelles, dont les prières, les sacrifices, les pénitences expiatoires attirent, abondantes, les bénédictions divines sur la patrie. Anne de Saint-Barthélemy fut une de ces âmes d'élite pour la France, sa patrie d'adoption.

Aussi n'est-ce point aux seules contemplatives que l'histoire de sa vie sera profitable ; les personnes du monde et les personnages du siècle y trouveront des leçons étonnamment rajeunies par les événements de l'heure présente. Que fait le bon Dieu, lorsque les chefs des nations, ne comptant que sur les forces matérielles, dédaignent d'implorer son secours ? Il ne laisse pas pour cela d'intervenir en faveur d'un peuple qu'il veut sauver ; mais, afin de rendre évidente la nécessité de son intervention et de mieux confondre l'orgueil des hommes, il attend quelquefois, avant d'agir, que dans un péril extrême tout espoir humain ait disparu ; et encore se sert-il des plus faibles moyens pour opérer de grandes choses et faire, de rien, ce que ne peuvent réaliser les puissants de la terre. Anne de Saint-Barthélemy fut et sera un de ces instruments, dont la valeur est une absolue docilité dans les mains de Dieu.

Voyez ce qu'elle fut : dans son enfance, une petite bergère qui ne fréquenta jamais d'école. A vingt et un ans, admise au Carmel d'Avila comme simple sœur converse, elle ne savait ni lire ni écrire. Cependant, sainte Térèse trouve dans son intelligence tant de lumière qu'elle ne tarde pas à en faire sa secrétaire, la confidente de ses projets, la plus riche héritière de son esprit religieux. Avec cette science reçue de Jésus-Christ son seul Maître, l'humble converse accomplira des œuvres admirables, et — ce qui pour nous est du plus vif intérêt — elle remportera de glorieuses victoires sur terre et sur mer.

La France aurait-elle oublié que, dans les dangers où devaient sombrer son existence nationale et sa vie catholique, Dieu suscita pour la sauver des enfants au cœur pur, à l'âme angélique, ne sachant rien des affaires politiques et sociales ? Que fut sainte Geneviève ? une petite fille de Nanterre, modeste village aux portes de Paris. Et Jeanne d'Arc ? une petite bergère. Et Bernadette ? encore une bergère. Les enfants de Pontmain préparaient la nourriture pour leur étable, quand la *Belle-Dame* leur annonça l'arrêt final des barbares. Anne, petite bergère et sœur converse, fera alliance avec ses compagnes du Ciel et de la terre, pour réapprendre à la France et aux chefs des nations alliées que le chemin de la victoire décisive c'est la pénitence et le recours à la toute-puissance de Dieu : *l'arbre qui n'est pas planté par le Père céleste, est vite déraciné.*

La vie de la Bienheureuse contient encore, au milieu de tant d'autres, une grave leçon. Alors comme maintenant, des préventions tenaces éloignaient la nation espagnole de la nôtre. Est-il donc surprenant que la sainte Sœur se soit heurtée à tant d'obstacles, aussitôt qu'elle parla de son projet d'aller en France, où Notre-Seigneur la pressait de se rendre ? Ce projet, quoique approuvé par le Saint-Siège et conforme au désir si souvent exprimé de sainte Térèse, rencontra une opposition inflexible. Que fit l'ardente religieuse ? En vraie Carmélite, elle consulta le Chef de l'Eglise : dans la volonté du Pape, elle vit la volonté de Dieu, et partit. Son œuvre fut, en vérité, l'arbre planté par le Père céleste ; il poussa, dans le sol français, de si profondes racines qu'il y vit toujours jeune, vigoureux et chargé de beaux fruits en toute saison.

La mission de la Bienheureuse est pour nous, en ce moment, une ferme espérance. Jésus-Christ lui avait marqué sa vocation spéciale et assigné la France comme la terre de son apostolat. « Va ! » disait-il, en lui désignant ce pays, et elle apercevait des millions d'âmes perdues par l'hérésie. Le même Jésus-Christ, ne va-t-il pas défendre la même France contre les mêmes ennemis, par des moyens semblables ? Notre confiance sans bornes en l'amour de son Cœur sacré ne nous permet aucun doute.

A Tours, la « Mère Anne » eut une vision céleste qui lui montra, ouvertes devant elle, la région des Flandres et la ville d'Anvers. Elle y porta le salut. Pourquoi ne pas espérer que bientôt, rouvrant à nouveau les routes de la nation martyre, elle conduira dans la Belgique libérée nos troupes victorieuses ?

Courage donc ! La voix obéissante de la fille de Dieu crie aux conducteurs de la France et de ses armées : « Vos ennemis sont les ennemis de Dieu et de son Eglise ; pour les vaincre et les terrasser à jamais, allez à ceux qui résistent aux puissances de l'Enfer et les brisent : le Pape et le Christ. »

Veuillez agréer, ma Révérende Mère, l'expression de mes sentiments respectueux et dévoués en N.-S.

† ALBERT,
Archevêque de Tours.

APPROBATIONS

Lettre de Monseigneur GUILLIBERT.

Evêché de Fréjus
et Toulon

—

L'Evêque de Fréjus, laissant aux Révérendissimes Ordinaires de l'auteur et de l'éditeur de la *Vie de la Bienheureuse Anne de Saint-Barthélemy* le soin et la responsabilité du *Nihil obstat* et de l'*Imprimatur* canonique, est heureux d'encourager une publication qui vient, à un moment si opportun, montrer combien la foi chrétienne, par l'obéissance et l'abnégation de soi, procure aux âmes et aux nations toutes sortes d'avantages, dans la beauté morale et la recherche du vrai bien, pour la gloire de Dieu et la prospérité du genre humain.

A Fréjus, le 27 décembre 1917.

† FÉLIX, *Evêque de Fréjus.*

Lettre de Monseigneur DE LIGONNÈS.

Évêché de Rodez
et de Vabres   15 Mars 1918.

Ma Révérende Mère,

Vous faites une bonne œuvre en publiant la biographie populaire de la Bienheureuse Anne de Saint-Barthélemy.

Au point de vue *ascétique*, ce livre fait voir comment la plus haute sainteté est à la portée des âmes dont la condition est la plus modeste, comme de celles dont l'éducation est la plus distinguée.

Dans un style à la fois littéraire, simple et clair, l'ouvrage que vous offrez au public élève le lecteur au sommet des plus sublimes contemplations surnaturelles et lui fait désirer l'acquisition des grandes vertus.

Au point de vue *apostolique*, la vie de la Bienheureuse fait apprécier la merveilleuse puissance qu'exerce sur les âmes une humble Religieuse qui se consacre pleinement au Bon Dieu ; si cachée soit-elle au fond d'un cloître, cette Religieuse ne se résigne pas à voir l'enfer dévorer ses victimes et à laisser couler inutilement sur la terre le sang de Jésus crucifié. Sœur Anne de Saint-Barthélemy, intimement unie à sainte Térèse, a propagé au loin le rayonnement de sa sainteté.

Sous l'action de cette âme entièrement donnée à Dieu, les monastères se sont remplis de Religieuses dont la ferveur intense a fait de ces communautés les vestibules du Paradis.

En dehors du cloître, l'apostolat de la Bienheureuse s'est étendu d'une manière miraculeuse. En lisant votre livre, on voit que rien n'arrête l'action de la grâce divine, lorsqu'elle est mise en œuvre par une âme véritablement sainte. L'apostolat de la prière, celui de l'exemple et, quand il le faut, suivi même du miracle, est exercé au Carmel avec une efficacité que la biographie de la Bienheureuse fait apprécier et admirer.

Au point du vue *patriotique*, au milieu des calamités actuelles, nos cœurs sont réconfortés et consolés en voyant l'Eglise combler d'honneurs celle qui fut appelée, par un ordre positif de Dieu, à exercer en France son action salutaire.

Les Saints gardent au Ciel les affections que Dieu leur a inspirées sur la terre: Nous pouvons donc être certains que Sœur Anne de Saint-Barthélemy continuera à exercer sa charité pour nous et s'unira à Jeanne d'Arc, à sainte Geneviève et aux Saintes Françaises pour sauver notre pays.

Votre livre vient donc bien à son heure ; c'est de tout cœur que je l'approuve et que je vous remercie de le publier.

Recevez, ma Révérende Mère, l'expression de mon plus religieux dévouement en N.-S. J.-C.

† CHARLES, *Evêque de Rodez.*

Lettre de Monseigneur GÉLY.

Evêché de Mende

Mende, le 1er mars 1918.

Ma Révérende Mère,

L'Eglise, en accordant aux Saints les honneurs des Autels, nous les propose pour modèles et pour protecteurs.

Vous entrez donc pleinement dans son esprit, en publiant une *Vie de la Bienheureuse Anne de Saint-Barthélemy*, ce nouvel astre que le Souverain Pontife vient de faire luire au ciel, déjà si constellé, du Carmel. La connaissance des vertus héroïques, qui ont orné la vie de la compagne intime de sainte Térèse, sa piété angélique, son obéissance qui opérait des prodiges, son inlassable dévouement, sa générosité dans le sacrifice et son activité dans l'action, aviveront dans les âmes la flamme de l'amour divin, et seront pour le zèle un stimulant efficace. Les traits merveilleux, qui émaillent cette extraordinaire existence, exerceront sur les lecteurs une douce attirance vers le bien.

L'influence considérable qu'eut la prière de cette humble religieuse sur les événements de son époque, son intervention pieuse, qui sauva deux fois miraculeusement la ville d'Anvers, élèveront vers le Ciel les regards des peuples opprimés. Ces faits surnaturels feront comprendre davantage la puissance du bras de

Dieu et la nécessité, pour les nations comme pour les individus, dans le conflit qui ensanglante le monde, d'implorer le secours de « Celui de qui relèvent tous les empires ».

La *Vie de la Bienheureuse Anne de Saint-Barthélemy* est écrite dans une langue claire, incisive, populaire, suivant des divisions méthodiques et nettes, avec des développements sobres mais lumineux, et un intérêt soutenu, qui plait, attache et retient. Sa lecture est un charme autant qu'un profit.

J'approuve et je bénis de tout cœur cette œuvre excellente, et je lui souhaite la plus grande diffusion pour le bien des âmes, la gloire de Dieu et l'exaltation du saint Ordre du Carmel.

Veuillez agréer, ma Révérende Mère, l'assurance de mes sentiments respectueux et dévoués en N.-S.

† JACQUES, *Evêque de Mende.*

Lettre de Monseigneur NÈGRE,

Évêque auxiliaire de Viviers.

Évêché de Viviers.

—

Ma Révérende Mère,

Je bénis, de tout cœur, l'heureuse idée que vous avez eu de publier une vie populaire de la Bienheureuse Anne de Saint-Barthélemy.

L'occasion est favorable pour montrer, au public distrait, cette nouvelle étoile qui brille, d'un pur éclat, au ciel resplendissant du Carmel. Le grand Ordre du Carmel, c'est Moïse priant sur la montagne, tandis que les combattants, dans la plaine, disputent la victoire ; c'est le petit groupe de Justes qui retient la main de Dieu prête à frapper ; c'est un foyer de sainteté, avivé par l'Oraison, qui rayonne sur le monde. Aussi, n'est-il pas étonnant de voir croître rapidement le nombre des filles de sainte Térèse que le Souverain Pontife élève sur les autels.

La vie de la Mère Anne respire un charme original, et prouve que les cimes du Carmel sont accessibles à toutes les conditions sociales : il suffit d'avoir été marqué du doigt de Dieu. On voit par quelles étapes l'humble converse, sous l'influence de la grâce, finit par devenir l'une des colonnes de son Ordre. Les ravissements de la petite bergère d'Almendral devant le spectacle de la nature ; la vue familière de l'Enfant Jésus, qui grandit comme elle et demeure ensuite la divine Victime ; l'appel irrésistible de Dieu ; la lutte contre les projets mondains de la famille ; l'entrée au monastère d'Avila et les rapides progrès dans la perfection ; l'intimité de Sainte Térèse, bon juge en sainteté ; les œuvres en Espagne ; les fondations en France, en Belgique : voilà une carrière féconde. La fille des champs était illettrée. Peu importe! Dieu lui apprend à écrire dans un acte d'obéissance ; et elle rédigera plus tard cette savoureuse Autobiographie dont la lecture est si attachante.

Deux titres recommandent à notre attention cette belle figure de Sainte : elle fut l'amie de sainte Térèse et l'une des introductrices en France des monastères de sa Réforme. Sainte Térèse l'associa à sa vie et à son œuvre ; elle en fit sa compagne, sa secrétaire, sa confidente et parfois sa conseillère ; elle voulut mourir entre ses bras, après lui avoir prédit sa mission en France.

Les succès d'Anne de Saint-Barthélemy en notre pays furent merveilleux. Pontoise la reçut avec enthousiasme, et regretta vivement son départ. Tours lui attribua un mouvement de conversion à la foi catholique qui étonna les hérétiques. Dans son monastère, elle eut jusqu'à vingt postulantes à la fois, venues des meilleures familles. A Paris, les novices, désireuses de se former à son école, la supplièrent d'ajouter à ses fonctions de Prieure celle de maîtresse des novices.

Le prestige de sa vertu était si grand que Henri IV, le roi d'Espagne, le Prince héritier de Pologne la considéraient comme une sainte. La reine Marie de Médicis, guérie par son intercession, demanda au Pape Urbain VIII de procéder à sa béatification.

Les catholiques de France se réjouiront de l'honneur que l'Église lui rend. Ils n'ignorent pas que sainte Térèse, dans la Réforme de son Ordre, avait en vue le bien de la France, et que l'une de ses coopératrices, Anne de Saint-Barthélemy, avec ses cinq compagnes, fonda les premiers Carmels français. L'observance de la règle primitive produisit un grand nombre de saintes religieuses, que l'Église place sur les Autels. Anne de Saint-Barthélemy ne sera pas la dernière. Nous croyons savoir que d'autres causes sont bien près d'aboutir et que, prochainement, le Carmel de France célèbrera d'autres fêtes de béatification.

La vie de la Mère Anne est écrite dans une langue simple, claire, concise, entraînante, qui sera l'un des facteurs de son succès. Je souhaite que cette œuvre populaire produise dans les âmes d'heureux fruits de salut.

Veuillez agréer, ma Révérende Mère, l'hommage de mon profond respect.

Viviers, le 15 février 1918.

† PAUL, *Évêque auxiliaire de Viviers.*

AVERTISSEMENT

Au moment où la Famille du Carmel se réjouit de la nouvelle gloire que lui apporte la béatification d'une de ses plus saintes et attrayantes figures, il nous a semblé opportun de travailler à la faire mieux connaître dans notre pays.

C'est en effet à la vénérable Mère Anne de Jésus et à la Bienheureuse Mère Anne de Saint-Barthélemy, compagne intime de sainte Térèse, que nous devons l'introduction du Carmel réformé en France.

Une bénédiction spéciale accompagna la mission que la Bienheureuse vint remplir, sur l'ordre même de Dieu. Lorsque, après sept ans passés à Paris, à Pontoise et à Tours, elle alla dans les Pays-Bas continuer la diffusion de l'œuvre de la Sainte Mère, elle s'était tellement attaché les âmes que les Supérieurs ne pouvaient se décider à la laisser s'éloigner.

On voit, dans les nombreuses lettres autographes que la Bienheureuse écrivit à ses Supérieurs, qu'elle eut à lutter contre elle-même pour se décider à quitter la France. Ces lettres, collection authentique de véritables reliques, seront bientôt livrées à la publicité, et montreront l'estime et l'affection qu'elle avait pour les Carmels français.

On possédait déjà, sur Anne de Saint-Barthélemy, plusieurs publications, entre autres son Autobiographie. Nous avons essayé de donner un nouveau récit, sobre et clair, de cette vie si féconde et si attachante, en suivant simplement les *Chroniques de l'Ordre*.

Puisse ce modeste travail contribuer à l'édification des âmes ! Notre récompense sera d'avoir accru leur dévotion envers la Bienheureuse, et d'attirer davantage sa protection sur notre pays.

La Bienheureuse

Anne de Saint-Barthélemy

CHAPITRE PREMIER

Naissance de la Bienheureuse. — Sa famille. — Sa piété précoce. — Orpheline a dix ans. — Elle devient bergère. — La vue de la nature l'élève a Dieu. — Ses contemplations. — Elle tente de se retirer dans la solitude. — Ses mortifications et sa charité. — Une digne compagne.

« Anne, Anne, on dit que je suis sainte : je ne le suis que de nom, et vous l'êtes de fait. » Ainsi parlait, un jour, sainte Térèse à Anne de Saint-Barthélemy, sa fidèle compagne, que l'Eglise vient de placer sur les autels. Cet éloge autorisé doit nous exciter à connaître sa vie et à imiter ses vertus.

La Bienheureuse vint au monde, le 1er octobre 1549, au petit hameau d'Almendral, dans la

Vieille Castille, en Espagne. Ce village se trouve à quelques lieues d'Avila, qu'illustra la naissance de sainte Térèse et où la grande réformatrice fonda, en 1562, son premier monastère de Carmélites déchaussées. L'éclat des vertus de la séraphique voyante et de ses filles, fit épanouir dans la région une magnifique gerbe de fleurs monastiques.

Le père de la servante de Dieu se nommait Ferdinand Garcia et sa mère Marie Mançanas. C'étaient des cultivateurs aisés. Malgré leurs travaux, ils entendaient chaque jour la sainte messe avec leur famille. Leur piété et leurs bonnes œuvres en faisaient l'exemple du village et la ressource des malheureux. Ils jouissaient d'une confiance bien-méritée, car ils avaient, dit un ancien auteur, « plus de droiture et d'équité qu'on n'en voit aujourd'hui ».

A ces dignes époux le Ciel donna sept enfants : trois garçons et quatre filles, qu'ils élevèrent avec une intelligente affection. Soucieux avant tout de leur formation chrétienne, ils appelèrent dans la famille un prêtre vertueux et capable, pour les instruire de leurs devoirs et des vérités de la foi. Les filles ne connaissaient que le chemin de l'église. L'intérieur du ménage était ordonné avec une régularité monacale.

La Bienheureuse fut baptisée dans l'église paroissiale, et reçut le nom d'Anne. Une tradition rapporte qu'une lumière céleste rayonna sur l'enfant, pendant la cérémonie. Etait-ce un présage que la petite chrétienne serait un jour une étoile radieuse, qui montrerait aux âmes la route du Ciel ?

Dès son enfance, Anne fut prévenue des dons

divins. A l'âge où les esprits ordinaires s'entr'ouvrent à peine aux lueurs naissantes de la raison,
la grâce illumine déjà son âme de clartés surnaturelles. Pénétrée de la grandeur et de la sainteté
de Dieu, elle tremble de l'offenser. Elle préfèrerait
mourir, dit-elle, que commettre la plus légère
faute. A sept ans, cette horreur du péché la fait
fondre en larmes. Pour éviter d'y tomber, elle
appelle à son secours la sainte Vierge, saint Joseph
et les saints anges.

Mais, peu à peu, le sentiment de la bonté de
Dieu pénètre cette âme innocente ; les troubles se
dissipent et la crainte s'abîme dans l'amour. Elle
s'abandonne doucement aux saintes familiarités
de l'Enfant Jésus, qui daigne souvent la réjouir de
sa présence. Elle lui parle avec une simplicité
enfantine. Un jour, après une longue prière où
elle avait goûté le charme de cette présence divine, elle s'écrie avec une gracieuse naïveté :
« Seigneur, permettez-moi maintenant d'aller jouer. »
Elle y va, et le Seigneur lui manifeste, en comblant
son âme de bonheur, qu'il agrée sa candeur respectueuse.

La petite Anne devint orpheline à dix ans, par
la mort de son père et de sa mère. Sa piété filiale
les pleura, et supplia Dieu de leur ouvrir le ciel.
Mais l'enfant connaissait déjà la fragilité des biens
terrestres et le devoir d'en détacher son cœur. Son
généreux abandon à la volonté divine la fortifia
dans l'épreuve, et lui acquit le mérite de la résignation.

Privée de ses parents, l'orpheline passa sous la
direction de ses frères, qui se chargèrent de son
entretien. Mais sa vie se trouva bouleversée. Cette

enfant timide, élevée jusqu'alors dans la solitude, fut obligée de prendre la garde des troupeaux. Quelle fut la raison de ce changement d'existence, puisque la situation de sa famille paraissait prospère? Hélas! la disparition des parents amène parfois dans les foyers des modifications imprévues.

La petite bergère fut d'abord affligée de son nouvel emploi. Elle ne redoutait ni le travail ni l'humiliation, mais elle appréhendait de perdre, dans la dissipation, le goût et les avantages de la retraite. Elle éprouva bientôt que Dieu assiste l'âme fidèle, partout où sa Providence la conduit.

Elle apprend à louer le Créateur dans les œuvres de ses mains. La vue d'un arbre balancé par le vent, d'une source qui clapote, d'une fleur épanouie, l'éclat du soleil, les nuages qui courent ravissent son esprit vers l'auteur de ces merveilles. Tendre disciple de saint François d'Assise, elle goûte, dans le spectacle de la nature, une suavité qui la jette en extase. Et ses doux transports se prolongent souvent de longues heures.

Notre-Seigneur récompense les élans de sa jeune contemplative, en multipliant les faveurs de sa divine présence. « Le chant des oiseaux, racontera-t-elle plus tard, me faisait entrer dans un recueillement intérieur qui durait quelquefois plusieurs heures. Pendant ce temps, le petit Enfant Jésus venait souvent près de moi, et, lorsque je revenais de cet agréable sommeil, je le voyais assis sur le bord de ma jupe. Il était d'une beauté ravissante; il avait les cheveux à la Nazaréenne; sa taille était semblable à la mienne. Il m'est impossible d'exprimer ce que je sentais pour lors dans mon âme ; je me croyais dans le séjour de la gloire. »

Anne se dégage chaque jour des choses de la terre et ne soupire qu'après la possession de son Dieu. Dans sa ferveur, elle s'écrie : « Seigneur, menez-moi dans des montagnes désertes, et là, seule devant vous, je vivrai contente : Vous possédant je ne manquerai de rien. » Maintes fois, attardée dans ces colloques avec son Dieu, elle ne s'aperçoit pas de la chute du jour, et se laisse surprendre par la nuit à la campagne. Alors ses frères, ignorant la cause de ces retards, l'en reprennent avec sévérité. L'humble bergère accepte ces reproches avec une patience inaltérable.

Plus cette âme croissait dans la vie surnaturelle, plus grandissait son désir de s'absorber en Dieu. Initiée déjà aux secrets de la contemplation, elle se sentit pressée de s'enfuir dans une solitude, pour se consacrer uniquement à l'oraison et au sacrifice. La difficulté d'exécuter seule ce projet l'engagea à le communiquer à une jeune parente, avec qui elle était extrêmement liée. Il y avait entre elles une ressemblance parfaite. Nées et baptisées le même jour, élevées ensemble, la sympathie des caractères et une confiance affectueuse unissaient les deux cousines : elles n'avaient qu'un seul esprit, qu'une seule âme.

La petite Anne expliqua donc, à sa chère compagne, combien elles seraient heureuses de vivre retirées en un désert, sous le regard et dans l'amour de leur divin Maître. Sa naïve simplicité n'envisageait aucun des dangers que pouvait courir leur jeunesse, dans la pieuse aventure. Au contraire, l'exécution lui en paraissait aisée.

Elles sortiraient, la nuit, de leur village, costumées en pèlerins pour n'être pas reconnues. Sous leur déguisement, elles demanderaient l'aumône le long des chemins, jusqu'à ce qu'elles trouveraient un endroit propice à leur dessein.

La proposition fut d'abord assez mal accueillie de sa confidente ; mais son enthousiasme finit par la gagner. Toutes deux convinrent de la nuit et de l'heure où, pourvue des habits et autres objets nécessaires, chacune quitterait sa maison, tandis que tout le monde dormirait.

Le moment venu, la petite Anne essaie de grimper sur un arbre, pour atteindre une muraille d'où elle pourra descendre dans la rue ; mais une puissance invisible l'arrête. Elle lutte contre cette opposition et s'épuise en des efforts inutiles, jusqu'à ce que le jour l'oblige de rentrer chez elle. Sa compagne, de son côté, n'est pas plus heureuse. Elle passe toute la nuit à tenter, sans succès, d'ouvrir une porte dont la serrure jouait ordinairement sans difficulté. L'aube du jour la force, elle aussi, d'abandonner son projet. Toutes deux attendent, impatientes, l'heure de la Messe. A l'église, elles se demandent, réciproquement, ce que sont devenues leurs résolutions. Voyant la main divine dans les obstacles qui les ont traversées, elles reconnaissent la témérité de leur entreprise et bénissent Dieu de l'avoir fait échouer.

En compensation des peines qu'elles avaient espéré souffrir dans la vie érémitique, elles s'imposèrent de rigoureuses pénitences. Anne, pénétrée des souffrances du Sauveur, fondait en larmes à la vue d'un Crucifix, ou d'une image représentant quelque scène de la Passion. Elle aurait voulu ressentir en elle-même les tortures du Christ trahi, moqué, flagellé, cloué sur la croix. Elle ne se contentait pas des mortifications secrètes qu'elle pratiquait dans sa maison ; lorsqu'elle sortait du village, elle se déchaussait et ensanglantait ses petits pieds, en marchant sur les cailloux et les épines.

L'amour, qui l'excitait à se crucifier avec le Rédempteur, lui inspirait une tendre compassion pour les pauvres, ces membres souffrants de Jésus-Christ. Elle voyait en eux son divin Maître, dépouillé, manquant de tout. N'ayant rien pour les assister, elle partageait avec eux, et souvent leur donnait tout entier, le maigre repas qu'elle emportait aux champs. Malgré l'adresse dont elle voilait sa charité, un de ses frères s'aperçut un jour qu'elle ne mangeait pas. Il lui demanda ce qu'elle prétendait faire de son dîner, et pour qui elle le gardait. De peur d'être découverte, elle répondit qu'elle l'avait mangé, pensant que ce n'était pas mentir, puisque le jeûne du corps est la nourriture de l'âme. Néanmoins, elle éprouva aussitôt un si vif remords qu'elle alla promptement raconter à son confesseur tout ce qui s'était passé.

La pieuse compagne d'Anne s'adonnait, elle aussi, à d'austères mortifications. Toutes deux s'encourageaient mutuellement à la vertu. C'était admirable de voir ces deux jeunes villageoises, sans instruction, avancer à pas rapides dans la voie de la perfection. Dieu, à qui l'innocence et la simplicité enfantines sont si agréables, conduisait ces deux belles âmes vers la montagne du Carmel.

La suite de ce récit nous montrera la sainte carrière de la bienheureuse Anne de Saint-Barthélemy. Quant à sa vertueuse cousine, nous dirons seulement qu'elle prit l'habit des filles de Sainte Térèse, au monastère d'Avila, sous le nom de sœur Françoise de Jésus. Elle pratiqua jusqu'à l'héroïsme l'humilité, l'obéissance et l'esprit de sacrifice. Elle mourut, en odeur de sainteté, à Medina-del-Campo, très peu de temps avant notre bienheureuse, et elle lui apparut, pendant sa dernière maladie, pour l'inviter à venir la rejoindre dans la gloire.

CHAPITRE DEUXIEME

Réflexions d'Anne sur un prédicateur. — Elle refuse toute proposition d'alliance. — La Sainte Vierge et Notre-Seigneur confirment ses résolutions. — Elle rompt un projet de mariage fait sans son aveu. — Elle voit en songe le carmel d'Avila.

L'une des grâces de choix, dont Dieu combla l'enfance de notre Bienheureuse, fut une connaissance prématurée du mystère de la Rédemption. A l'âge où les autres savent à peine les éléments de la Religion, elle était en état de donner des leçons aux plus habiles.

Un prédicateur de grand renom vint prêcher un Carême à Almendral. Anne suivit ses instructions. Le Vendredi Saint, il parla avec une éloquence fleurie qui ravit l'auditoire. Après le sermon, chacun se retirait charmé, faisant l'éloge de l'orateur. Anne, au contraire, pleurait. Ses sœurs, s'en étant aperçues, lui demandent la cause de sa tristesse. L'angélique enfant répond tout en larmes : « Le prédicateur n'a pas bien prêché. — Qu'en savez-vous ? lui objectent ses sœurs. — Je sais, répliqua-t-elle, combien Jésus-Christ a souffert pour nous, et on n'en a presque rien dit. Ah ! s'il m'était permis de dire tout ce que je pense, je prêcherais bien mieux. »

Toute la vie de la Bienheureuse s'épanouit dans ces séraphiques ardeurs. Sa première jeunesse fut un continuel exercice de charité, de mortification, d'humilité. Comme l'Enfant Jésus, son divin compagnon, qu'elle voyait sensiblement grandir en même temps qu'elle, elle croissait en âge et en sagesse, fuyait les vanités du monde et s'occupait à parer son âme de vertus.

Mais voici qu'un jour ses frères, la voyant en état de prendre un parti, songèrent à la marier. Cette proposition, qui renversait ses desseins, la contraria. Cependant, arrêtée par la crainte qu'ils lui inspiraient, elle n'osa pas leur opposer un refus formel. Elle se contenta de répondre que ses vues étaient différentes. Ils ne la comprirent point ; et ne songeant qu'aux avantages temporels, ils la pressèrent d'accéder à leurs désirs. Ses amies d'enfance et ceux qui avaient crédit sur elle, se concertèrent pour la décider. Dieu lui-même, voulant éprouver sa fidélité, parut momentanément l'abandonner. Il la laissa en proie aux sollicitations extérieures, et à une pénible lutte intérieure. Elle craignait de mal agir en désobéissant à ses frères, qui représentaient pour elle l'autorité de Dieu. Elle se défiait aussi d'elle-même, de ses lumières, de ses forces. La nature et la grâce se livraient, dans son âme désemparée, de terribles combats.

Dans ces violentes extrémités, elle employa les seules armes efficaces : la prière et la pénitence. Elle passait en oraison une partie du jour, implorant du Seigneur la fin de ses épreuves. Elle aimait à se réfugier dans une chapelle de la Vierge. Là, prosternée, les yeux en larmes, elle suppliait la Mère de Miséricorde d'avoir pitié de sa détresse, et de lui montrer la voie qu'elle devait suivre. Sa confiance fut enfin récompensée. La céleste Mère, tenant son divin Fils entre les bras, lui apparut dans une gloire, et lui dit : « Ma fille, ne crains rien, tu seras religieuse et tu porteras mon habit. » Puis la Vierge disparut, laissant son enfant dans la paix et dans la joie, sur l'assurance qu'elle serait religieuse.

Ses frères, impatients de réaliser eurs vues, troublèrent sa tranquillité. La poussant sans relâche, ils insistèrent fortement, et aux prières joignirent les menaces ; la jeune fille en fut déconcertée. Notre-Seigneur, se révélant à elle, lui dit : « Je suis celui que tu aimes ; c'est moi qui serai ton époux. » Cette vision la laissa tout embrasée d'un céleste amour et plus désireuse de s'unir à Dieu.

Pour en finir, ses frères et une de ses sœurs qui l'aimait particulièrement, résolurent de fixer, malgré elle, sa destinée. On fit des propositions qui furent agréées, et on régla une entrevue à l'insu de l'intéressée. On userait d'adresse pour l'attirer chez sa sœur et la faire connaître à son prétendant.

A l'heure convenue, sous un vain prétexte, on l'envoie chercher. Anne, qui a éventé le piège, réclame quelques instants pour faire toilette. Prestement, elle s'affuble de haillons et s'enveloppe la tête d'un torchon de cuisine. Puis, dans cet accoutrement, défigurée, le visage noirci, elle va au rendez-vous. Tout le monde éclate d'indignation. Sa sœur, pleine de honte, la chasse ignominieusement, l'accablant d'injures. Anne accepte, avec joie, cette humiliation, et se félicite de son succès. En effet, son ingénieuse ruse rompit les pourparlers et lui valut une période de calme.

Savante, sans étude, de la science des saints, elle connaissait le prix de la grâce et le danger de la dissipation. Elle continuait à vivre solitaire, loin des compagnies et des plaisirs même innocents. Mais sa dépendance vis-à-vis des siens l'arrachait parfois à son attrait.

Un jour, pendant le carnaval, elle ne put refuser de se rendre chez un de ses parents, où plusieurs jeunes filles du village étaient assemblées pour s'amuser. Lorsque, par condescendance pour ses compagnes, elle est sur le point de danser, le divin Sauveur lui apparaît, couvert de plaies et ruisselant de sang. Il lui fait sentir vivement ce qu'il a souffert pour elle pendant sa Passion, et la pénètre intimement de la nécessité de correspondre à son amour par le sacrifice. Sous l'impression douloureuse de ces sentiments, elle quitte aussitôt la société, bien résolue à fuir désormais les distractions mondaines.

Cette apparition aviva dans son âme le désir d'immolation. Elle soupirait après le jour où il lui serait permis de se consacrer définitivement à Dieu. Impatiente, elle le priait sans cesse, attendant de lui seul les moyens de réaliser son bonheur.

Tandis qu'elle vivait de cette espérance, elle eut une vision qui éclaira son âme d'une lumière nouvelle et précisa ses aspirations. Elle vit en songe le couvent de Saint-Joseph d'Avila, premier monastère des carmélites réformées, que sainte Térèse achevait de bâtir. La petitesse et la pauvreté de cet asile la charmèrent ; la vue des religieuses l'enchanta, et son cœur éprouva une douce attirance. L'austérité, la modestie, l'humilité rayonnaient sur leurs visages : elles lui paraissaient des anges sur la terre. Qu'il ferait bon vivre avec elles ! Ayant soif, elle demanda à boire. L'une des bonnes sœurs lui offrit de l'eau dans un vase, qu'Anne reconnut plus tard, lorsqu'elle prit l'habit dans ce monastère. Elle s'éveilla toute joyeuse, persuadée que c'était là le refuge où la Providence l'appelait.

Jusqu'à ce jour, elle avait aspiré à une vie d'union avec Dieu ; mais ne connaissant aucun Ordre religieux, ses désirs restaient imprécis. Dès cette heure, son choix fut fixé sur le carmel d'Avila.

CHAPITRE TROISIÈME

Anne se présente au carmel d'Avila. — Son entrée est différée. — Ses frères veulent la détourner de sa vocation. — On lui impose des travaux pénibles. — Sa douceur maîtrise des animaux indomptés. — Un bœuf sauvage la protège contre un chien enragé.

La divine Providence opère des miracles plutôt que d'abandonner ceux qui comptent sur elle pour remplir leur vocation. Un prêtre pieux, savant et expérimenté, nommé curé d'Almendral, fut l'envoyé du Ciel pour diriger Anne dans les voies de la perfection. Elle connut bientôt la valeur de ce trésor. Elle découvrit franchement à l'homme de Dieu les secrets de son âme, les grâces reçues dès sa tendre enfance et les marques de sa vocation religieuse. Le sage directeur admira les touches délicates de l'action divine et ses merveilleux effets. Il se tint d'autant plus assuré de la solidité de sa vertu, qu'elle était fondée sur une extrême humilité. Il lui promit de la seconder dans la poursuite de son idéal.

A cette époque, le monastère d'Avila, récemment fondé par sainte Térèse, exhalait un parfum de vertu qui embaumait les environs. Les

Carmélites jouissaient d'une grande réputation de sainteté. Le curé d'Almendral jugea que leur vie austère et cloîtrée convenait parfaitement à sa vertueuse pénitente. Il lui en parla, et son offre fut aussitôt acceptée. Sans retard, il la proposa à la Révérende Mère Marie de Saint-Jérôme, prieure du couvent. Celle-ci se déclara prête à ouvrir les portes à la jeune fille, dont on lui disait tant de bien. Mais, par prudence, avant de rien décider, elle voulut la connaître et constater personnellement si ses dispositions étaient conformes à l'esprit du Carmel.

Le zélé pasteur transmit la réponse de la Mère Prieure à l'aspirante, qui en fut ravie. Elle s'empressa de déclarer à ses frères sa résolution de devenir carmélite, les mit au courant des démarches engagées, les pria de l'aider et de lui faciliter son entreprise. Elle ajoutait qu'ils prouveraient par là combien ils désiraient son véritable bonheur.

Les frères d'Anne furent mécontents de sa détermination. Ils étaient loin de la prévoir, malgré son opposition constante à leurs projets de mariage. Ils avaient attribué ses refus à des caprices d'enfant, dont le temps, pensaient-ils, aurait finalement raison. Ils s'offensèrent surtout des avances faites par elle, à leur insu, pour entrer au cloître. Mais, en bons chrétiens, ils ne tardèrent pas à revenir à de meilleurs sentiments. Cédant même aux instances de leur sœur, ils consentirent à l'accompagner au couvent d'Avila, pour connaître la maison et le genre de vie qui avaient fixé son choix.

Jamais voyage ne fut plus agréable à notre

Bienheureuse ! Au premier aspect, elle reconnaît le monastère que sa vision lui avait montré. Quelle joie de retrouver les religieuses aperçues en rêve ! L'entrevue est très cordiale. Sa candeur et sa simplicité préviennent en sa faveur. Son admission est immédiatement agréée par le Chapitre conventuel. La satisfaction est réciproque, et la communauté est impatiente de posséder celle qui brûle de se donner.

Anne aurait bien voulu, dès ce jour, franchir la clôture. Mais, comme c'était alors l'usage de revêtir l'habit en entrant au monastère et que son admission immédiate n'était pas prévue, elle dut retourner au village y attendre l'appel définitif. Dieu voulait, par de nouvelles épreuves, accroître le mérite de la généreuse aspirante.

Elle restait charmée de ce qu'elle avait vu et entendu au monastère d'Avila, mais ses frères en étaient revenus déconcertés. La pauvreté du couvent, ses doubles grilles, son aspect sévère et surtout l'austérité de la vie des Carmélites les effrayèrent. Aussi, loin de favoriser l'entreprise de leur sœur, ils résolurent de l'entraver. Une telle existence, disaient-ils, dépassait ses forces ; jamais son tempérament délicat ne pourrait supporter ces veilles et ces privations. L'essayer serait tenter Dieu : il ne fallait plus songer à ce projet chimérique.

Anne était insensible à ces raisonnements trop humains. Elle répondait avec calme : « Tout est possible à celui qui dispose de la santé et de la vie. Il proportionne sa grâce à nos besoins, et donne toujours, avec la vocation, les moyens d'y répondre. A la plume de l'oiseau Dieu mesure le vent. » Ces calculs n'étant à ses yeux qu'un piège du démon pour contrarier son salut, elle était décidée à passer outre.

Après avoir échoué par la douceur, les frères d'Anne recourent à la violence. Ils la torturent avec une indigne cruauté. La pauvre enfant est abreuvée de mépris dans la maison, et, au dehors, accablée de travaux. Pendant tout l'été, partie aux champs dès l'aube avec les journaliers, elle doit supporter le poids du jour et de la fatigue. On double à dessein son labeur quotidien, en lui imposant la tâche de deux ouvriers. Parfois on lui fait conduire deux charrettes que, seule, elle doit charger de grosses gerbes, et ramener à la ferme. On espère abattre sa volonté par cette tyrannie, et l'amener à résipiscence par ces travaux forcés.

L'idéale ouvrière, avec son esprit surnaturel, faisait dans cette épreuve un rude apprentissage de l'obéissance. Elle exécutait sans murmure tout ce qu'on lui commandait. Le Seigneur soutenait sa faiblesse, bénissait sa docilité et multipliait ses forces. Ses compagnons de labeur étaient émerveillés de son adresse, et du travail accompli. Ils respectaient cette enfant merveilleuse, dont la complexion délicate se fortifiait par l'exercice, et qui puisait dans l'excès même de l'effort un renouveau de vigueur.

Dieu attachait par surcroît, à certains de ses actes, une efficacité extraordinaire. Après la moisson, elle fut chargée de diriger plusieurs paires de bœufs, que les laboureurs eux-mêmes n'avaient pu dompter. Or, ces bêtes farouches obéissaient, à la voix de la jeune fille, comme des agneaux. Elle les menait sans peine, sous les yeux des villageois ébahis.

Ces animaux, ingouvernables en d'autres mains, savaient à l'occasion se porter à son secours. Deux bœufs insoumis s'étant égarés dans les pâturages, Anne fut envoyée à leur recherche. Après de pénibles courses, elle en trouve un, qu'elle met en sûreté. Pendant qu'elle cherche le second, elle est assaillie subitement par un gros chien enragé, qui se jette sur elle et la renverse. Affolée, le visage contre terre et caché dans ses mains, elle sent l'animal ,ed sa dent furieuse, déchirer ses habits et frôler ses membres. Elle pleure, gémit et se recommande à Dieu. Soudain, le bœuf sauvage qu'elle cherchait sort d'un fourré voisin, se précipite, repousse de ses redoutables cornes le chien enragé et le chasse loin de sa victime. Puis, il revient vers la jeune fille, la rassure par ses caresses, lui tend le cou pour l'inviter à s'appuyer, et la reconduit vers sa demeure. Anne, la figure pâle, les vêtements en désordre, rentre au village, la main posée sur la corne de son providentiel protecteur, à la stupéfaction des témoins de cette scène.

Dieu ass stait visiblement celle qui avait mis en Lui toute sa confiance. Il la soutenait dans la fatigue, la défendait dans le danger, et réchauffait son âme d'un divin réconfort.

CHAPITRE QUATRIÈME

Une apparition du démon. — Anne tombe gravement malade. — Elle est miraculeusement guérie. — Elle refuse d'entrer dans la congrégation des religieuses de Saint-Jérôme. — Un de ses frères la menace de son épée. — On se décide a la conduire au Carmel.

Anne n'était pas encore au bout de son calvaire. Après les durs travaux de l'été, elle avait repris la garde des troupeaux. Le démon, peu satisfait du résultat des persécutions qu'il lui avait suscitées, entra directement en scène.

On constate souvent, dans la vie des saints, l'intervention diabolique. Dieu la permet, sur les âmes les plus vertueuses, pour parfaire leur sanctification. Mais il brise, quand il lui plaît, les assauts de Satan. Et même aux heures où le corps de ses serviteurs est soumis à l'action de l'esprit malin, sa grâce assure à leur âme la liberté e la victoire.

Un soir, par un beau clair de lune, notre sainte bergère accompagnait une de ses parentes, à une métairie. Elles entendent soudain un grand bruit qui les épouvante : c'est un cliquetis d'armes, dominé par des hurlements lugubres. Aussitôt apparaît un fantôme géant, effroyable, qui se précipite sur elles. Anne pousse un cri : « Sainte Trinité, assistez-moi ! » et tombe évanouie aux pieds de sa compagne. Lorsqu'elle recouvre ses sens, le fantôme a disparu. Les deux cousines voient alors, sur leur chemin, trois personnes vêtues de blanc, d'égale grandeur, et dont la présence les rassure. A leur suite, elles regagnent le village et, à l'entrée, les perdent de vue. Anne n'hésita pas à croire que c'étaient les trois adorables personnes de la Sainte Trinité, qui avaient répondu à sa prière.

Le Ciel l'avait soustraite à l'embûche infernale, mais sa santé en fut ébranlée. La frayeur avait tellement exaspéré ses nerfs, qu'elle tombait dans des convulsions fréquentes. Sa constitution s'altéra, ses forces s'affaiblirent ; elle dépérissait dans un malaise et une langueur qui alarmèrent sa famille. La dépression physique abattit le moral : sa mélancolie lui montrait la mort proche, et arrachait de son cœur désespéré ses beaux rêves de vie religieuse. Dans cette crise, la piété fut son seul refuge ; elle priait et se résignait au bon vouloir de Dieu. Le souvenir des apparitions célestes, les promesses de Notre-Seigneur et de sa divine Mère lui revenaient en mémoire. Elle croyait encore entendre cette parole de Jésus : « Tu seras mon épouse » et cette autre de la Vierge : « Tu porteras mon habit. » Ces pensées illuminaient sa détresse, relevaient sa foi, ravivaient ses espérances.

Le triste état de la jeune fille émut ses frères ; la compassion toucha leur cœur. Ils voulaient, il est vrai, lui éviter les prétendues misères du cloître, mais ils l'aimaient trop pour la laisser souffrir sans essayer de la soulager. Ils tremblaient aussi d'avoir dépassé les bornes d'une juste sévérité. Ils décidèrent d'apaiser le ciel et prièrent avec elle pour son prompt rétablissement.

A cinq lieues d'Almendral s'élevait une chapelle consacrée à saint Barthélemy, et renommée par ses miracles. C'était un lieu de pèlerinage, où les familles allaient en groupe implorer les faveurs de l'Apôtre. On y fit célébrer une neuvaine de messes et on décida d'y conduire la chère malade.

Au jour fixé, on se met en route. Anne, ses frères et plusieurs proches parents composent la pieuse caravane. Arrivée à deux lieues du sanctuaire, la pèlerine demande à parcourir à pied le reste du chemin. Elle veut imposer à sa faiblesse cette mortification, pour obtenir sa guérison. Elle désire surtout s'isoler et se recueillir dans la prière et la contemplation. Elle sait que, loin des bruits extérieurs, l'âme s'élève plus aisément à Dieu.

Mais, bientôt, brisée de fatigue, la jeune fille tombe paralysée, incapable du moindre mouvement. Bouleversés par cet accident, tous s'empressent autour de l'infirme, et constatent avec effroi la gravité de son mal. Anne, qui a gardé sa connaissance, reste calme au milieu de l'émotion générale, et redouble ses confiantes prières. Heureusement, on est près du sanctuaire. Avec précaution, on y porte la malade, dans l'intention de la déposer devant la statue de saint Barthélemy. O prodige ! A peine a-t-elle franchi le seuil de la chapelle, qu'elle se sent subitement transformée. Ses membres ont retrouvé leur force et leur souplesse : son corps est animé d'une nouvelle vie. Bien mieux, les angoisses et les peines intérieures se sont évanouies sous l'effusion de la grâce. L'âme inondée de consolations, notre miraculée se jette aux pieds de son

Bienfaiteur pour chanter, avec tous les siens, l'hymne de la reconnaissance. L'aller avait été pénible, mais très joyeux fut le retour de ce pèlerinage couronné par un éclatant miracle.

A l'arrivée, un message des Carmélites d'Avila vint apprendre à la Bienheureuse qu'on l'attendait au couvent, et qu'on avait tout préparé pour la recevoir. Mais ses frères s'opposèrent encore à son départ. La voilà condamnée à un nouveau délai. Sa résignation fut d'autant plus amère que, selon sa naïve expression, le message du Carmel « avait ouvert le ciel devant elle ». Elle raffermit sa confiance en Dieu, résolue plus que jamais à poursuivre la réalisation de ses désirs. Pendant un an, elle fit célébrer tous les jours une messe à cette intention.

Sur ces entrefaites, arrivèrent à Almendral des religieuses de la congrégation de Saint-Jérôme, très révérées en Espagne, qui allaient fonder à Talavère une maison de leur Ordre. Elles furent reçues par les frères d'Anne, qui les traitèrent avec respect. Ils expliquèrent aux voyageuses l'inclination de leur sœur pour le Carmel et leur opposition à son projet, parce qu'ils jugeaient la vie des Carmélites trop austère pour son tempérament délicat. Ils les prièrent de la détourner de son dessein.

Les Sœurs s'entretiennent avec la jeune fille. Mais, à peine ont-elles découvert les trésors cachés dans cette âme de villageoise, qu'elles désirent en faire la conquête. Elles l'invitent à entrer dans leur communauté et lui en exposent les avantages. Ses frères, estimant moins rigoureuse la règle de cette congrégation, insistent à leur tour. Peine perdue : Anne déclare formellement qu'elle se croît appelée à la vocation de Carmélite, qu'elle déplairait à Dieu et compromettrait son salut en refusant de la suivre. Les religieuses de Saint-Jérôme, aussi édifiées que désappointées de cette ferme décision, poursuivirent leur voyage. Les frères de la Bienheureuse continuèrent leur opposition.

Cependant, au Carmel d'Avila, la Prieure avait hâte d'accueillir dans l'arche cette blanche colombe, qui se fatiguait à voleter au-dessus des fanges de la terre ; mais elle demandait en vain qu'on la laissât prendre son essor.

Honteux de leur conduite, les frères d'Anne résolurent pourtant d'en finir. Ils écrivirent à la Mère Marie de Saint-Jérome qu'ils accompagneraient leur sœur au monastère, avant la prochaine fête de la Toussaint. La jeune fille en fut aux anges. Dans son impatience, elle commit une légère indiscrétion, qui faillit tout compromettre. Mais Dieu veillait sur elle. Voyant approcher le terme sans aucun préparatif, un soir, à table, deux jours avant la fête, elle se risque à demander : « *Quand ferons-nous notre voyage ?* » Etincelle qui allume l'incendie. Irrité par cette question, qu'il juge insolente, l'aîné de ses frères court à son épée, se précipite sur Anne, et l'en eut percée, si l'une de ses sœurs n'avait paré le coup. Cet accès de violence déchaîne une bordée d'injures, et l'infortunée se réfugie dans la cave, où elle passe la nuit en larmes et en prières.

Le lendemain matin, Anne se rend à l'église et, avec effusion, remercie Notre-Seigneur d'avoir encore purifié son âme dans le creuset du sacrifice. Sa charité excuse les autres, et attribue à sa seule étourderie la scène de violence qui a failli causer sa mort. Elle se confesse, mais ne veut communier qu'après avoir vu son frère et sollicité son pardon. Le brutal la repousse. Mais cet acte héroïque lui rend la paix : elle reçoit avec onction le Pain des forts, et se résigne à nouveau à la volonté de Dieu.

Le sage qui place sa confiance dans le Seigneur n'est pas confondu. Au contraire, il voit souvent ses projets aboutir, à l'heure où tout semblait perdu. Anne en fit, ce jour-là, la douce expérience. Cette cruelle épreuve, supportée si généreusement, est la dernière fleur du bouquet embaumé qu'elle offrira à son divin époux, au jour de ses fiançailles.

A la fin de son action de grâces, elle voit entrer, dans l'église, ce frère qui, la veille, l'avait maltraitée et qui venait de l'écarter. Mais ses sentiments ont changé. Confus, embarrassé, le visage pâle, il s'approche d'elle et lui dit avec douceur : « *Venez, partons pour Avila ; tout est prêt pour le voyage.* »

CHAPITRE CINQUIÈME

ANNE QUITTE SA FAMILLE. — HEURES DE DÉCOURA-
GEMENT. — SON ENTRÉE AU CARMEL D'AVILA. —
ELLE PREND L'HABIT DE SŒUR CONVERSE. —
SŒURS DE CHŒUR ET SŒURS CONVERSES. — AMI-
TIÉ SURNATURELLE DE SAINTE TÉRÈSE ET DE LA
SŒUR ANNE. — PEINES INTÉRIEURES PENDANT LE
NOVICIAT. — PROFESSION RELIGIEUSE.

ENCHANTÉE du revirement providentiel de la
situation, Anne courut à la maison. Elle
tomba au milieu des préparatifs de son départ, et
fut étonnée du bon accueil qu'on lui réservait. La
veille, elle ne voyait que des visages courroucés ;
maintenant elle trouve partout des cœurs épa-
nouis, affectés seulement par la perspective de la
séparation.

Quand sonna l'heure du départ, la jeune fille,
qui venait d'atteindre ses vingt et un ans, dit
adieu au toit paternel, à son village, à ces champs
et à ces montagnes qui avaient vu s'écouler sa
jeunesse, témoins muets mais sympathiques de ses
chagrins et de ses joies. Les parents, ses compagnes, ses voisins se pressaient autour d'elle, et, les
larmes aux yeux, lui exprimaient le regret de la
perdre. Très émue, mais énergique, Anne mon-

trait un courage tranquille, qui impressionnait les assistants. Son cœur pleurait, mais son âme était en fête. Enfin, elle se mit en route, accompagnée de ses frères et de quelques amies.

En pareille circonstance, il n'est pas rare de sentir son enthousiasme s'effondrer dans l'abattement : c'est ce qu'éprouva la future carmélite. La nature voulut engager contre la grâce un assaut final. Le bonheur de l'aspirante peu à peu s'évanouit. La famille, la vie champêtre, la campagne fleurie, la liberté chantent dans son âme de gracieux souvenirs, qui idéalisent sa vie passée. Tout semble s'animer et lui dire plaintivement : Pourquoi nous quittes-tu ? Elle fait effort pour briser cette attirance séductrice, mais c'est en vain : le poids de son sacrifice retombe lourdement sur elle. D'autre part, elle se demande s'il est bien vrai que Dieu l'appelle à cette vocation sublime. Le démon lui exagère la hauteur des cimes spirituelles qui avaient tenté sa ferveur, et elle désespère de les atteindre. Ces regrets et ces craintes la torturent d'autant plus qu'elle les refoule en elle-même, pour n'en rien laisser paraître au dehors. Pas un mot, pas un pli de son front ne trahit cette ardente lutte. Son recours est la prière, la prière confiante. Comme le matelot au fort de la tempête, elle jette vers le Ciel des cris d'amour et d'espérance.

Le 2 novembre 1570, jour de la Commémoration des Morts, les voyageurs arrivèrent à Avila. Anné, sans retard, se rendit au Carmel. Elle embrassa les siens pour la dernière fois, calmant leur tristesse par ses réconfortantes paroles. Puis, son sacrifice consommé, elle franchit allègrement les portes du monastère. La Reine du Carmel attendait le pas décisif de sa pieuse fille pour l'accueillir dans ses bras et la consoler su son cœur maternel. A l'instant, les anxiétés d'Anne s'envolent ; une clarté délicieuse illumine son âme ; son cœur s'embrase d'une sainte tendresse ; tout son être est immergé dans une atmosphère divine. Toute joyeuse, la novice tombe aux genoux de la Mère Prieure et s'incline sous sa bénédiction. Avec quelle allégresse elle reçoit le baiser de ses Sœurs ! C'est une fête pour la communauté d'ouvrir ses rangs à l'enfant privilégiée que Dieu leur a menée, comme par la main, à travers tous les obstacles.

Dès son entrée, conformément à l'usage d'alors, Anne reçut l'habit religieux. Admise comme converse, elle prit le voile blanc. Elle fut la première sœur converse des Carmélites déchaussées.

On distingue, en effet, parmi les Carmélites, d'après la couleur du voile, les sœurs de chœur ou sœurs du voile noir, et les sœurs converses ou sœurs du voile blanc. Les religieuses choristes sont spécialement adonnées à l'office divin et à la contemplation, sans déroger à la sainte loi du travail, toujours en honneur chez les filles de sainte Térèse. Les religieuses converses vaquent particulièrement aux occupations matérielles du monastère, tout en partageant les heures d'oraison et les exercices spirituels de la communauté.

Au début de ses fondations, sainte Térèse avait distribué également les travaux du monastère à toutes les Sœurs, et n'avait établi entre elles aucune distinction. Mais elle ne tarda pas à constater la difficulté, pour les mêmes religieuses, de mener de front les exercices du chœur et les affaires matérielles. Elle se souvint alors de la scène délicieuse de Béthanie. Jésus est en visite chez son ami Lazare. Les deux sœurs, Marthe et Marie, s'empressent pour le fêter, mais de façon différente. Marthe se met en mouvement et s'occupe du ménage ; Marie s'assied aux pieds du Maître et écoute ses divins enseignements. Jésus approuve le rôle de chacune. Térèse profita de la leçon du Saint Évangile. Elle résolut d'avoir, dans ses communautés, des Marthes et des Maries. Les Marthes, c'est-à-dire les sœurs converses, sans rien perdre du recueillement intérieur, s'occuperont surtout du travail matériel ; les Maries, c'est-à-dire les sœurs de chœur, sans négliger les travaux manuels, s'appliqueront à prier et à méditer devant le divin Maître.

Mais, pendant les premières années, il fut impossible d'exécuter cette décision. Les fonctions des sœurs du voile blanc requièrent des aptitudes spéciales : santé, modestie, simplicité, relevées par un esprit de foi capable de leur faire apprécier surnaturellement leurs humbles occupations. Sainte Térèse avait déjà recueilli beaucoup de religieuses d'élite ; mais elle n'avait pas rencontré de sujet susceptible de devenir une parfaite sœur converse. Anne fut la perle que Dieu lui envoya.

La novice voulut être appelée Anne de Saint-Barthélemy, en reconnaissance de la guérison miraculeuse que lui avait obtenu ce grand Apôtre. Sous ce nom, elle deviendra une gloire du Carmel et une sainte dans l'Eglise.

Observer ponctuellement la règle, tel est le premier soin de la fervente religieuse. La perfection qu'elle poursuit dans son nouvel état, les vertus éclatantes qu'elle admire autour d'elle, lui représentent sa vie passée comme un tissu d'infidélités ; elle a soif d'expiation. Dès le début, l'humilité, l'obéissance, la simplicité sont ses vertus favorites ; bientôt elle les élève à un si haut degré qu'elle devient le modèle des plus parfaites.

Sainte Térèse était absente du monastère d'Avila lorsque la Sœur Anne y fut admise. Elle était allée fonder une maison à Salamanque. A son retour, elle eut vite découvert les qualités exceptionnelles de la sœur Anne. Elle fut ravie de sa candeur et de sa quiétude d'âme ; charmée de sa souplesse aux mains des supérieurs et de son affectueuse dépendance envers les Sœurs ; édifiée de son empressement pour les travaux pénibles et de son zèle à rechercher les humiliations. La Sainte remercia la Providence de lui avoir réservé ce trésor. Elle aurait désiré cultiver elle-même une nature si riche. Mais les affaires de l'Ordre ne lui permettaient pas de longs séjours dans le même monastère. Elle repartit donc d'Avila, au grand regret de toutes ses filles. Mais aucune cependant ne fut aussi peinée de son départ que l'humble sœur converse. Dès cette première rencontre, sainte Térèse et la sœur Anne s'étaient liées d'une intime affection, que cimentera l'amour divin, et qui durera par delà le tombeau.

La Mère Marie de Saint-Jérôme s'efforça de remplacer, auprès de sa chère enfant, la Sainte si vivement regrettée. Sa sollicitude fut d'autant plus délicate que la sœur Anne, pendant tout son noviciat, subit une longue crise d'abattement. Cette âme, jusque-là délectée de consolations, favorisée depuis son enfance de contemplations sublimes, accoutumée à vivre dans la familiarité de Dieu et réjouie souvent de sa présence sensible, cette âme connaît alors toutes les amertumes du délaissement. Elle avait cru, en venant au Carmel, se rapprocher de Jésus, et voilà qu'elle a l'impression d'en être plus éloignée. Ce sentiment d'abandon la torture et lui arrache des plaintes : « Seigneur, soupire-t-elle, qu'est ceci ? Quoi ! Vous me délaissez ? Si je ne vous connaissais pas, je croirais que vous m'avez trompée. »

Malgré ses souffrances morales, la bonne sœur accomplit son travail avec entrain, se montre en toute occasion aimable et douce, et ne laisse soupçonner à personne la désolation de son cœur. Seuls, son directeur et la Mère Prieure, qui savent le secret de son âme, compatissent à sa peine et s'appliquent à la consoler. De son côté, elle offre généreusement cette épreuve à Notre-Dame du Mont-Carmel, pour obtenir la grâce d'être bientôt jugée digne de prononcer ses vœux solennels.

Elle eut ce bonheur le 15 août 1572, en la fête de l'Assomption de la sainte Vierge. Ce jour-là, après avis favorable du Chapitre, avec le consentement de sainte Térèse mandé par écrit, la Révérende Mère Prieure d'Avila admit la profession religieuse la sœur converse Anne de Saint-Barthélemy. L'heureuse carmélite se consacra définitivement à Dieu, en présence de la Communauté, devant le délégué de l'évêque d'Avila. La Prieure signa, suivant l'usage, l'acte de profession. La sœur Anne, ne sachant pas écrire, traça une croix qui lui tint lieu de signature.

*

CHAPITRE SIXIÈME

Ferveur de la Professe. — La soif de Jésus mourant — Anne voit en songe la France déchirée par l'hérésie. — Accroissement de son zèle. — Elle met son doigt dans le feu sans le bruler. — Elle tombe malade. — Sainte Térèse lui ordonne de dormir. — Elle a une vision de la Sainte Trinité. — Sainte Térèse la guérit miraculeusement.

La parole humaine est impuissante à traduire le bonheur d'une âme qui vient de se donner à Dieu par sa profession religieuse. La sœur Anne goûta ces délices. Nous savons son ardent désir d'expiation. Après sa consécration définitive, elle se considère comme une victime, qui doit s'immoler à chaque instant pour le salut des âmes. Fatigues, pénitences, humiliations, rien ne crucifiait assez celle qui voulait marcher sur les pas de Jésus crucifié. Elle avive son zèle dans la méditation constante des souffrances de la Passion ; les yeux sur le crucifix et l'âme appuyée sur la croix, elle transforme sa vie en un perpétuel sacrifice.

Notre-Seigneur bénit cette héroïque immolation, et la récompense par des révélations surnaturelles. Un jour, la sœur Anne, méditant sur la

parole du Christ mourant : « J'ai soif ! » désirait
connaître la nature de cette soif divine. Jésus lui
apparaît, cloué sur la Croix, et lui dit avec tristesse : « Ma soif, c'était la soif du salut des âmes :
tu dois y réfléchir et suivre cette voie ». Cette vision
fut pour elle un nouveau stimulant, et grava dans
son âme une impression qui ne s'effaça jamais.
Elle lui apprit la valeur de la souffrance, cherchée
et acceptée sans consolation humaine, uniquc-
ment par amour de Dieu. Anne, qui se délectait
autrefois aux douceurs de la présence sensible de
l'Enfant Jésus, savourait maintenant l'âpre jouissance d'être attachée à la Croix, à côté du divin
Rédempteur.

C'est alors que Notre-Seigneur assigna à son zèle
un objet précis, en lui montrant, en France, la
multitude d'âmes que l'hérésie protestante précipitait dans l'enfer. Ce fut la première indication
céleste de sa vocation spéciale relative à notre pays.
Ces appels divins se multiplieront plus tard.

Le Sauveur lui apparut donc avec un visage plein
de tristesse et de majesté. Il lui montra toute la
France « aussi distinctement, dit-elle, que si elle
l'avait aperçue de ses propres yeux ». Elle voyait
les Français se perdre par milliers, égarés par le
protestantisme qui allumait la discorde, provo-
quait les massacres et semait les ruines. Devant
ces horreurs, Jésus lui dit : « Ma fille, assiste-moi !
Vois, combien d'âmes je perds ! » Remuée par ce
spectacle et par la plainte de Jésus, sœur Anne se
sent prête à tous les sacrifices. Elle donnerait volontiers mille vies, si elle les avait, pour réparer le
mal que le démon a déchaîné sur la France.

Cette révélation fut pour elle un motif de redoubler ses pénitences. Elle recherchait la souffrance plus avidement que les mondains ne courent après le plaisir. Saintement industrieuse pour accumuler les austérités, elle ne se laissait modérer, dans sa *folie de la Croix*, que par les prescriptions de l'obéissance. Obéir était, en effet, la préoccupation constante de sa vie religieuse. Mais elle ne croyait pas déroger à la règle, en s'imposant des postures pénibles, en se meurtrissant les membres, en altérant sa maigre nourriture avec de la poudre d'absinthe. Elle avouera plus tard, à une de ses religieuses, qu'elle ne comprenait pas comment son pauvre corps avait pu supporter de si rudes mortifications. Dieu soutenait, par un miracle continuel, les forces de la généreuse victime, dont il voulait faire un instrument de ses miséricordes.

Son confesseur, prêtre judicieux, admirait l'action de la grâce dans cette âme, mais il ne manquait pas une occasion d'éprouver sa docilité. Il avait parfois des surprises. Un jour, deux criminels, condamnés au supplice du feu, devaient passer devant la porte du monastère pour se rendre au lieu de l'exécution. La sœur Anne, qui en était avertie, s'entretenant avec son directeur, lui dit : « Je serais heureuse de mourir à la place de ces gens-là, si je savais qu'ils ne sont pas bien préparés. — Auriez-vous assez de charité ? répondit le directeur. — Éprouvez-moi. — Allez à la cuisine, mettez le doigt dans le feu, laissez-le brûler le temps de réciter un *Credo*, et venez me rendre compte ». Le prêtre, sans doute, n'entend pas commander au nom de l'obéissance : il veut simplement, et peut-être un peu imprudemment, éprouver la bonne volonté de la religieuse. Mais sœur

Anne prend l'ordre à la lettre. Elle court à la cuisine, met son doigt sur la braise, et récite le *Credo*. Puis, elle revient triomphante, avec son doigt absolument intact, car le feu, par permission divine, l'a respecté.

Le confesseur, pour prémunir sa pénitente contre toute pensée d'orgueil, se contente de lui répondre : « Que vous êtes peu intelligente ! » Mais, intérieurement, il est profondément touché de ce prodige opéré par l'obéissance.

On avait beau jeu pour mortifier la sœur Anne, car elle était aussi avide d'humiliations que d'austérités. Elle exagérait son peu de savoir et sa simplicité d'allures, afin de passer pour ignorante et pauvre d'esprit. Elle aurait même volontiers laissé croire qu'elle n'était qu'une affreuse pécheresse, n'eût été le souci de sa réputation et du bon renom de son monastère.

Ce zèle dévorant et ces mortifications consumaient la santé de la Bienheureuse. Elle se sentait dépérir, et se demandait si ses forces lui permettraient encore longtemps de s'acquitter de ses fonctions. Extrêmement troublée par la perspective d'être inutile à sa communauté et de ne pouvoir continuer sa vie pénitente pour le salut des âmes, elle consulta sainte Térèse et lui dévoila ses anxiétés. La séraphique Mère, qui connaissait par expérience cet état d'âme, rassura sa chère fille. Mais, comprenant que l'affaiblissement de la Sœur provenait des longues veilles passées en oraison, elle lui ordonna de cesser toute méditation, le soir, au signal du repos, et d'aller dormir comme les autres. La sœur Anne obéit. Au premier son de la cloche, elle s'arrachait au charme de sa comtemplation, et disait à son bon Maître : « Seigneur, je n'ai pas permission de demeurer davantage avec vous ; je vous prie de me laisser dormir ».

Notre-Seigneur récompensa son obéissance en l'embrasant d'un plus grand amour qui, parfois, la transfigurait. Il doua son corps d'une agilité qui semblait l'affranchir des lois de la nature, et lui permettait de supporter les travaux les plus durs et les mortifications les plus sévères.

A cette époque de sa vie, la bienheureuse reçut une grâce insigne. Nous avons raconté comment la bergère d'Almendral, un jour qu'elle était assaillie par le démon, appela à son secours les personnes divines, qui vinrent la tirer du danger. Cette fois, elle vit la Sainte Trinité, non sous une forme sensible, mais dans une vision intellectuelle. Il lui fut donné de contempler le Père, le Fils et le Saint-Esprit vivant indissolublement unis dans leur Essence, au sein de leur gloire éternelle. « La vision, nous raconte-t-elle, ne dura pas plus de temps qu'il n'en faut pour ouvrir et fermer les yeux ; néanmoins, elle fut au-dessus de ce que nous pouvons concevoir ».

Cette révélation, gravée en son âme, lui communiqua une haute connaissance du mystère de la Sainte-Trinité, autant que l'intelligence créée peut pénétrer dans les secrets divins. Plus tard, un prédicateur de grand talent donna, dans la chapelle du monastère, un sermon sur la Trinité, remarquable par l'élévation de la doctrine. Sœur Anne en fut ravie en extase. Revenue à elle-même, elle s'écria : « Ah ! que ce bon Père a bien prêché ! Il a lu dans mon cœur ce que Dieu me découvrit un jour de ce divin mystère ».

Fortifiée par ces consolations, elle était armée pour les nouvelles épreuves qui allaient l'assaillir. Brisée par l'excès de fatigue, elle retombe dans l'épuisement. La faiblesse est extrême. Les médecins ne s'expliquent pas cette consomption étrange, qui échappe à leur art. Aussi leurs remèdes aigrissent le mal, bien loin de le guérir. La malade souffre et languit. Mais son plus grand chagrin n'est pas la douleur, c'est la peine qu'elle donne à ses compagnes. Elle, toujours infatigable, cheville ouvrière de la maison, non seulement ne peut plus travailler, mais devient un embarras pour les autres. Elle se plaint à Dieu avec tendresse : « Seigneur, lui dit-elle, je vous ai demandé de me faire souffrir, mais non de me rendre à charge à la communauté ; faites que je puisse servir mes sœurs, au lieu de leur occasionner des ennuis. » Jésus entend sa plainte et daigne lui répondre : « Ma fille, je ferai selon tes désirs : tu souffriras avec ma servante Térèse ; vous essuierez à vous deux bien des fatigues. » Cette réponse réjouit la Bienheureuse. La prédiction de ses labeurs futurs lui fait prendre en patience son inaction actuelle.

Entre temps, sainte Térèse revint de Séville, où elle avait fondé un nouveau Carmel. Elle fut saisie de compassion, à la vue de sa chère fille émaciée, exténuée, ne tenant plus debout. Dans l'ardeur de sa foi, elle ne crut pas tenter Dieu en lui demandant un miracle. Mais elle voulut que la malade attirât elle-même la grâce, par un acte héroïque d'obéissance.

Il y avait en ce moment, dans le monastère, plusieurs religieuses atteintes de la fièvre. Sainte

Térèse établit sœur Anne leur infirmière, et lui ordonne de les soigner. Anne, docile, se traîne aussitôt à la cuisine, pour en rapporter une potion à la plus fatiguée. Mais, quand elle veut remonter, elle n'a pas même la force de franchir la première marche de l'escalier. Sur le point de s'affaisser, elle s'écrie : « Mon doux Sauveur, aidez-moi, je ne puis faire un pas. » Elle aperçoit alors, en haut de l'escalier, Jésus-Christ qui lui dit affectueusement : « Monte, ma fille ! » Elle se trouve aussitôt à ses pieds : elle est guérie. Notre-Seigneur se rend avec elle dans la cellule de la sœur : « Mets ici ce que tu portes, dit-il, et va donner aux autres ce dont elles ont besoin ; je soignerai moi-même celle-ci. » Anne se hâte, dans l'espoir de retrouver le Sauveur à son retour ; mais, quand elle arrive, il a disparu. La malade lui demande, toute joyeuse : « Ma Sœur, que m'avez-vous donné ? Je n'ai jamais rien mangé de meilleur ». Toutes les malades avaient été guéries en même temps.

En mémoire de ce prodige, sainte Térèse nomma sœur Anne « prieure des infirmes », avec le pouvoir d'agir en toute liberté dans cet office.

CHAPITRE SEPTIÈME

Union entre Sainte Térèse et Anne de Saint-Barthélemy. — Anne apprend subitement a écrire. — Le mérite de ses travaux. — Elle soigne une sœur lépreuse. — Vision du purgatoire.

L'union devenait de plus en plus étroite entre sainte Térèse et la sœur Anne de Saint-Barthélemy. La séraphique Mère n'hésitait pas à lui dévoiler les secrets de ses communications avec Dieu. Anne, favorisée aussi des dons du Ciel, admirait la beauté de l'âme de Térèse, et s'enivrait d'un saint amour à son contact. La Réformatrice la consultait dans ses entreprises, et en recevait des conseils éclairés. Tant il est vrai que l'ignorance humaine éclate en lumière au souffle de Dieu !

Notre-Seigneur voyait avec complaisance cette intimité. Il voulut la cimenter et la rendre définitive. Apparaissant un jour à sainte Térèse, il lui déclara qu'il lui donnait la Sœur Anne pour l'accompagner dans ses voyages et partager ses travaux. Anne, de son côté, avait précédemment appris par révélation qu'elle participerait aux œuvres de Térèse.

Aussi, instruites toutes les deux de la volonté du

divin Maître, la Mère et la Fille se lièrent d'une amitié indissoluble. La modeste bergère devient la compagne de la noble castillane ; la grande Réformatrice du Carmel prend dans son amitié l'humble sœur converse : Térèse de Jésus et Anne de Saint-Barthélemy seront désormais associées dans la peine comme dans la gloire.

Malgré la multiplicité de ses occupations, Anne s'industriait pour se mettre à la disposition de sa Prieure, et lui rendre tous les services que lui suggérait sa filiale vénération. Mais, en face du labeur écrasant de la Sainte, que pouvait le dévouement de la petite converse ? Elle n'était qu'une goutte d'eau dans l'océan d'activité de la vénérable Mère. En se dépensant nuit et jour, elle répétait, dans son humilité : Je ne suis qu'une servante inutile.

Sa plus grande peine était de ne pouvoir aider la sainte Fondatrice à expédier ses nombreuses lettres. Elle qui avait dû se contenter de signer d'une croix l'acte de sa profession, regrettait vivement de ne savoir pas écrire. D'autre part, sainte Térèse était désolée de l'impossibilité d'utiliser sa précieuse confidente comme secrétaire, car elle n'arrivait pas, malgré son activité, à tenir à jour sa vaste correspondance.

Or, un soir, voyant la sœur Anne regarder avec tristesse la table couverte de papiers qui annonçait une longue veille, la Sainte lui dit : « Que voulez-vous, ma fille ? Si vous saviez écrire, vous m'aideriez. — « Eh bien ! ma Mère, » s'écria la Sœur, dans l'élan de sa foi et de son amour filial, « que votre Révérence me le commande, et ce que je ne sais pas faire, je l'apprendrai. » Térèse sourit, et choisit parmi les lettres qu'elle

avait devant elle une feuille de très belle écriture..
— « Voyons, ma fille, essayez d'imiter ces caractères. » Anne les regarda, mais ne put même pas
les épeler. — « Ma mère, reprit-elle, donnez-moi
plutôt quelques lignes de votre écriture ; c'est
comme vous que je voudrais écrire. » La Sainte
rédigea deux lettres et les lui remit. Sœur Anne
les copia aussitôt, de façon très lisible ; et, à la
suite, elle composa elle-même une troisième lettre.
Depuis lors, l'humble converse eut la joie de
seconder sa sainte Mère, dans le travail de la
correspondance. Et elle écrivit non seulement des
lettres, mais encore une *Autobiographie* très utile
à ses historiens, des pages ascétiques, et même
quelques naïves poésies..

Malgré sa passion pour le travail, la Sœur Anne
ne pouvait pas tenir tête à l'ouvrage. A la fois
cuisinière, infirmière, cellerière et tourière, il lui
était impossible de suffire à tout, même en ache-
vant de nuit ce qu'elle n'avait pu accomplir
pendant le jour. Au milieu de toutes ces occupations, elle gardait le recueillement intérieur ; son
intention, toujours dirigée vers Dieu, transformait
ses occupations les plus vulgaires en une prière
continuelle.

Une fois cependant, elle s'imagina que ce rôle
de Marthe ne lui laissait pas assez de loisir pour
la méditation ; elle aspira à jouir tranquillement,
comme Marie, pendant quelques jours, des suaves
entretiens du divin Maître. Après une fervente
communion, elle exprima ce désir à Notre-
Seigneur. Mais Jésus lui fit entendre que chacun
doit se tenir à sa place ; qu'il préférait la voir
absorbée dans les embarras de ses offices que

plongée dans l'extase ; que son devoir l'appelait, non pas à la contemplation, mais au service de ses sœurs. Contente de la leçon, la Sœur Anne renonça à ses rêves, et se donna plus généreusement encore à la pratique de la charité.

La sainte infirmière eût bientôt l'occasion d'exercer son dévouement. Une sœur du monastère fut atteinte de la lèpre. Les médecins jugèrent nécessaire de l'isoler, pour éviter la contagion. La perspective de l'imminente séparation était bien pénible pour la malade et pour ses sœurs. Anne, touchée de l'affliction générale, résolut de se sacrifier. Elle communiqua son projet à une compagne, et la décida à partager son labeur. Puis, toutes les deux allèrent se jeter aux genoux de la Mère Prieure, lui demandant en grâce de leur confier la pauvre lépreuse : elles se chargeraient, à elles seules, de la soigner jusqu'à ce que Dieu la guérirait ou l'appellerait à lui. Sainte Térèse, émue de cette générosité, asquiesça à leur désir.

Les infirmières se mettent à la tâche avec un pieux empressement. Cette tâche est digne de leur courage. Le corps de l'infirme n'est qu'une plaie infecte. Le moindre contact exaspère les douleurs, et pourtant il faut continuellement soigner les ulcères. Les abondantes éruptions, les sueurs purulentes obligent à multiplier les pansements. Malheureusement, le monastère est très pauvre en linge. Pour remédier à cette pénurie, la Sœur Anne lave, chaque nuit, les linges contaminés pendant le jour. Ce travail ininterrompu, rebutant, épuisant, dure quarante jours ; mais l'ardeur de sa charité lui donne la force de tout supporter. Une guérison complète vient enfin récompenser le dé-

vouement des infirmières et la patience de la malade. La communauté bénit la Providence, et les
anges de Dieu notent, sur le livre de vie, ce nouveau trait de charité au compte de la Sœur Anne.

A cette époque de sa vie, notre Bienheureuse fut
favorisée d'une vision du Purgatoire, qui l'émut
beaucoup et accrut sa dévotion pour les âmes souf-
frantes. Elle la raconte en ces termes, dans son
Autobiographie.

« Notre-Seigneur, dit-elle, me donna une fois,
» une leçon saisissante et salutaire. Une nuit, je
» me vis en songe devant le tribunal de Dieu, pour
» être jugée. Je me trouvai ensuite dans le Purga-
» toire, qui me parut comme un vaste fleuve de
» feu. J'y fus plongée jusqu'à la ceinture, avec
» beaucoup d'autres âmes ; mais plusieurs d'en-
» tr'elles n'étaient pas si avant dans les flammes.
» J'aperçus près de moi mon ange gardien, qui
» m'aborda avec une bonté extrême, et me de-
» manda si je sentais beaucoup les ardeurs du feu.
» Je lui répondis que oui, mais que je m'en sou-
» ciais fort peu, dans l'espoir de voir bientôt Dieu
» face à face. Les démons étaient au bord du
» fleuve, et me menaçaient avec de grands crochets
» qu'ils tenaient à la main ; mais ils ne purent
» m'atteindre, parce que mon bon ange s'appro-
» cha d'eux et les mit en fuite.

» Je m'éveillai là dessus, mais baignée de sueur,
» comme si je sortais de l'eau. Je m'affligeai de
» me trouver encore dans cette vie, après avoir
» cru en être délivrée. Le lendemain matin, les re-
» ligieuses, me voyant pâle et défaite comme si je
» sortais du tombeau, me demandèrent ce que
» j'avais. Je ne racontai la chose qu'à notre sainte

» Mère, qui me répondit en souriant : Allez, allez,
» ma fille, ne craignez rien ; vous n'irez pas en
» purgatoire. »

Les lumières surnaturelles de sainte Térèse et la sainteté de vie de la Sœur Anne autorisent à croire à la vérité de cette prophétie : la Bienheureuse a dû s'envoler directement au ciel.

CHAPITRE HUITIÈME

Difficultés de l'œuvre de Sainte Térèse. — L'appui de la Sœur Anne. — Pénibles voyages. — Le pardon des injures. — Anne est guérie subitement de la fièvre. — Elle refuse le voile noir. — Voyage de Burgos. — Mort de Sainte Térèse.

LA grande gloire d'Anne de Saint-Barthélemy est d'avoir été l'amie et la compagne de sainte Térèse.

Nous savons les difficultés énormes que rencontra, dans son œuvre, la Réformatrice du Carmel. Elle fut en butte aux attaques des hommes, aux fureurs de l'Enfer, parfois même aux abandons apparents du Ciel. On calomnia sa personne, on persécuta son Ordre, on la chassa de ses monastères, on essaya de la faire passer pour une ennemie du Christ et de son Eglise. Le démon, non content d'exciter la rage des hommes, osa s'en prendre directement à la Sainte. Il la maltraita plusieurs fois, et la renversa un jour avec violence ; dans sa chute, elle se cassa le bras, et souffrit jusqu'à la mort des suites de cet accident. Enfin, épreuve suprême, Dieu permit que certains de ses représentants méconnussent les intentions de la bonne

Mère, et il fallut l'autorité du Souverain Pontife pour mettre un terme aux persécutions, et consacrer la Réforme Térésienne. Malgré ces traverses, sainte Térèse fonda, en vingt ans, dix-sept monastères de femmes, quinze monastères d'hommes, et composa d'admirables ouvrages.

Aujourd'hui, après plus de trois siècles, le recul des temps estompe à nos yeux ces faits lointains ; et le bien opéré dans le monde par le Carmel détourne notre attention des difficultés de son origine. Mais il suffit de jeter un coup d'œil sur le berceau de l'Ordre pour comprendre que la Sainte dont la vie fut si tourmentée, qui sut faire face à tant d'oppositions, et qui eut enfin la gloire de voir triompher sa noble cause, mérite bien le nom de « Grande Térèse », que lui a décerné l'histoire.

Dans ses labeurs surhumains, la vaillante Réformatrice puisait son courage à deux sources : la vue du bien à accomplir, et la considération que les sauveurs d'âmes doivent être crucifiés avec Jésus. Mais Notre-Seigneur, qui voulut être consolé dans son agonie et assisté quand il portait sa croix, ne manque pas d'envoyer à ceux qui marchent sur ses traces, et souffrent avec lui, réconfort et consolation. Anne de Saint-Barthélemy fut l'un des saints auxiliaires dont Dieu se servit pour soutenir la Mère Térèse. Nous allons la voir accompagner la Sainte dans ses derniers voyages et recueillir son dernier soupir.

Le dévouement de la Bienheureuse était aussi étendu que sa vénération pour la Fondatrice, et aussi délicat que sa charité. Les occasions de l'exercer s'offrent à chaque instant. La Mère est usée par les années, les veilles, les austérités, les maladies et les contradictions. L'infirmité de son bras l'empêche de s'habiller seule. Sœur Anne a le privilège de soigner ce corps vénérable, et elle le fait avec le respect dû aux choses saintes. Dans ce pitoyable état, Térèse doit être sans cesse en mouvement, aller d'une ville à l'autre, fonder de nouveaux monastères, visiter et consolider les anciens. Les chemins sont souvent impraticables. Les moyens de transport, rudimentaires et incommodes, imposent aux voyageuses de pénibles retards et de dures fatigues. Parfois, elles sont contraintes de faire à pied de longues marches. Leur pauvreté et le manque de ressources des régions traversées, les privent fréquemment du nécessaire. Et quand elles arrivent dans leurs couvents, nés d'hier, il n'est pas rare qu'elles y trouvent encore la misère.

Une des grandes peines de la Sœur Anne était de voir la malice des hommes s'acharner sur la Sainte Mère, déjà si accablée par les soucis et les souffrances.

Au cours d'un voyage, elle conçut une secrète aversion contre une personne qui, en sa présence, avait gravement insulté sainte Térèse. Tandis qu'elle nourrissait dans son cœur ce ressentiment, légitime à ses yeux, une voix intérieure l'en reprit avec sévérité. Le Cœur de Jésus lui fit comprendre qu'ayant été lui-même rassasié d'opprobres pendant sa Passion, il se sentait offensé quand une âme fidèle refusait d'accepter les humiliations. Il lui rappela l'obligation imposée à tout chrétien de pardonner les offenses, s'il veut être pardonné. Ce reproche et la vue nette du devoir de la charité, lui donnèrent un vif remords et lui inspirèrent, pour l'avenir, la mansuétude dans le mépris.

Un jour, Térèse devait partir de Valladolid pour Salamanque ; Sœur Anne, prise d'une forte fièvre, était dans l'impossibilité de l'accompagner. Quelle douleur pour les deux amies ! A l'heure du départ, la Mère monte à l'infirmerie et, s'approchant de la malade : « Dormez-vous, ma fille ? lui dit-elle. — Oui, ma mère, je dormais », répond la sœur, qui s'éveillait d'un sommeil lourd et agité. — « Levez-vous, reprend la Sainte, et voyons comment vous êtes. » Sœur Anne obéit : la fièvre la quitte aussitôt, et l'on se met en route.

Après un long circuit par Salamanque, Villeneuve-de-la-Xare et Tolède, on revient à Valladolid. Cette fois, c'est le tour de sainte Térèse, qui pense y mourir. Mais là prière de la foi la remet encore sur pied, comme naguère sa compagne. Les deux infatigables voyageuses vont ensuite fonder des monastères à Palencia et à Sorie, et rentrent enfin à leur cher couvent d'Avila.

Pour témoigner à la sainte Mère leur joie de la revoir, et surtout pour essayer de la retenir à Avila, les religieuses l'élurent Prieure. Cet événement réjouit la sœur Anne. Elle avouait avec candeur que, dans les réunions de la Communauté, quand Térèse parlait, elle croyait entendre Notre-Seigneur lui-même.

Hélas ! la Prieure tant aimée allait, sans le vouloir, occasionner un grand chagrin à son admiratrice. Anne de Saint-Barthélemy n'était que sœur converse ; mais sainte Térèse appréciait de plus en plus ses hautes vertus. Elle voulut en faire une colonne de son Ordre, et décida de la promouvoir sœur de chœur. Elle savait sa promptitude à obéir et ne doutait pas qu'un simple désir ne déterminât son assentiment. Elle lui manifesta donc sa volonté et lui proposa de prendre le voile noir. Mais la Sainte avait compté sans la profonde humilité de la converse. Sœur Anne, pour la première fois de sa vie, résista. En vain, la Mère employa tour à tour la douceur, l'insinuation, la force : tout échoua. La Sœur, retranchée derrière la basse opinion qu'elle avait d'elle-même, s'obstina à se juger indigne. Pour briser cette résistance, la Prieure fit appel à l'autorité du Père Provincial. Mais ce dernier, ayant constaté la répugnance insurmontable de la converse, ne crut pas devoir insister. Sainte Térèse, fortement impressionnée d'une pareille opposition, en exprima son regret à la Sœur Anne, par ces paroles prophétiques : « Ma fille, le temps viendra où vous prendrez le voile noir ; alors vous regretterez de n'avoir pas fait ce que vous me refusez et qui m'aurait donné tant de consolation. »

Six mois après son retour, sainte Térèse quittait encore Avila, pour aller fonder un nouveau monastère à Burgos. Les religieuses, en la voyant partir chancelante, à bout de souffle, l'embrassèrent en pleurant. Quel eut été leur chagrin, si elles avaient deviné que c'était le dernier adieu !

Térèse et sœur Anne durent franchir les monts escarpés de la Castille, en plein hiver, par un froid vif et des chemins affreux. A Burgos, les voyageuses ont encore plus à souffrir. Elles sont logées dans un réduit ouvert à tous les vents. Pour comble d'infortune, l'Arlanzon débordé envahit leur demeure jusqu'au premier étage, et les isole complètement. Bientôt, elles n'ont rien à manger. La sainte Mère, grelottant de froid et de fièvre, tombe en défaillance, et ses compagnes n'ont à lui offrir qu'un morceau de pain retiré de l'eau par miracle. C'est pour Anne un supplice de la voir souffrir, sans pouvoir la soulager. Elle passe les jours et les nuits à son chevet, et lui prodigue ses soins et sa tendresse. Enfin, après plusieurs jours d'angoisses, les eaux se retirent et les malheureuses sœurs sont délivrées. La ville de Burgos, sérieusement menacée par ce sinistre, attribua son salut à la protection de la Réformatrice du Carmel.

Nous retrouvons nos vénérées voyageuses sur les routes de Valladolid et de Médina-del-Campo, visitant les monastères de leur Ordre. La misère est si grande, sur leur passage, que sainte Térèse doit rester deux jours sans nourriture. A la fin, elle dit à sa fidèle compagne : « Ma fille, si vous avez quelque chose, donnez-le moi, je vais succomber ». Et elle s'évanouit. Anne cherche dans tout le voisinage, et ne trouve que quelques figues sèches. En les lui présentant, elle fond en larmes. Mais la Mère la console en lui disant, avec une résignation angélique : « Ma fille, ne pleurez point ; c'est ce que Dieu veut maintenant ; ces figues sont excellentes ».

Au retour de Médina, sainte Térèse, exténuée, regagnait Avila. Sur l'ordre du Père Provincial, elle se rend au monastère d'Albe. C'est là qu'elle va remettre sa belle âme entre les mains de Dieu ! Elle annonce à sa compagne que sa dernière heure est venue, et elle s'alite pour ne plus se lever. Sœur Anne, consternée, ne voulant perdre aucun des moments qu'il leur reste à passer ensemble, s'installe auprès d'elle et ne la quitte plus. Elle reçoit des religieuses tout ce qui est nécessaire et le remet à la Mère. Un matin, le père Antoine de Jésus, Vicaire Provincial, accouru pour assister la sainte mourante, est frappé de la pâleur de la Sœur Anne. Craignant de la voir défaillir, il lui ordonne d'aller prendre un peu de nourriture. Elle sort ; mais aussitôt la Sainte, qui ne parle plus, jette autour d'elle un regard inquiet. On lui demande ce qu'elle cherche et si elle désire la Sœur Anne. Sur son signe affirmatif, la bonne sœur est rappelée. Dès que Térèse la revoit, elle l'accueille d'un gracieux sourire. Puis, comme si elle l'attendait pour mourir, elle l'attire affectueusement et, appuyée sur son cœur, elle entre dans une douce extase. Ce ravissement divin dure quatorze heures, au milieu des prières et des sanglots des religieuses. Enfin, Sœur Anne voit l'âme de la séraphique Mère s'envoler vers le ciel, sous la forme d'une blanche colombe, pendant qu'un parfum céleste embaume la pauvre cellule.

C'était le 4 octobre 1582, à neuf heures du soir. Après soixante-sept ans d'une vie angélique, Térèse était allée jouir du Dieu de son amour.

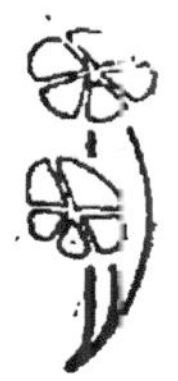

CHAPITRE NEUVIÈME

La mort de sainte Térèse répandit la consternation dans l'Ordre naissant du Carmel. Mais personne ne ressentit aussi vivement cette perte que sa fidèle compagne. Anne de Saint-Barthélemy lui rendit les derniers devoirs avec une piété filiale. Les religieuses d'Albe ensevelirent solennellement son corps vénérable, sous la grille du chœur de leur chapelle, afin que de l'intérieur comme de l'extérieur on pût révérer son tombeau.

Notre-Seigneur, pour consoler la douleur de Sœur Anne, lui montra la sainte Fondatrice dans la gloire des bienheureux. A cette vue, transportée de joie, elle s'écria : « Seigneur, maintenant que j'ai vu le bonheur de ma Mère, même si vous vouliez me la rendre, je vous supplierais de la garder au ciel. »

Aussi bien sainte Térèse reste, après sa mort, l'amie et le soutien de sa chère fille. Elle lui obtient des grâces extraordinaires, lui apparaît et la dirige dans les moments difficiles, lui révèle les décisions à prendre pour le bien de l'Ordre ; en un mot, elle l'établit héritière de ses traditions. Autrefois, saint Elie, le Père du Carmel, quand il monta au ciel sur un char de feu, transmit son inspiration prophétique à son disciple Elisée, en lui laissant son manteau ; ainsi sainte Térèse, la Réformatrice du Carmel, quand elle s'envola vers Dieu, communiqua largement son esprit à sa compagne, la Sœur Anne, en expirant dans ses bras.

Un parfait détachement, voilà la première grâce que notre Bienheureuse reçut de glorieuse Amie. Bonne et sensible, elle donnait facilement son cœur. La Sainte lui avait montré l'indélicatesse des affections naturelles, même les plus innocentes, qui dissipent sur les créatures une tendresse due seulement au Créateur. Aimer tout en Dieu et se détacher de tout pour Dieu, telle est la maxime des parfaits. Par ce moyen, ils affermissent leur âme dans la paix et goûtent, dès ici-bas, ce bonheur pur, cette joie tranquille qui nous impressionnent chez les saints. La Sœur Anne avait bien compris les préceptes et les exemples de sa Mère ; mais elle n'avait pas fait encore l'héroïque abandon de tout attachement terrestre. Dès que Térèse l'eut quittée, ce sacrifice lui devint plus aisé.

Le corps précieux de la Sainte était l'objet de ses plus tendres affections. Elle aurait désiré ne s'en séparer jamais, et terminer sa vie dans le monastère d'Albe, auprès du tombeau vénéré. Ce voisinage lui produisait l'illusion de la présence de sa Mère, et il lui semblait toujours vivre à côté d'elle.

Cependant, les Carmélites d'Avila étaient impatientes de retrouver leur bonne sœur Anne, pour s'édifier de ses vertus, et entendre d'elle l'intéressant récit des derniers moments de sainte Térèse. Aussi, les supérieurs lui ordonnèrent de rentrer immédiatement au monastère d'Avila. Elle obéit sans déchirement, tant son cœur se dégagea des liens de l'affection la plus forte et la plus légitime. Sainte Térèse récompensa cette courageuse abnégation en apparaissant à son amie pour la féliciter et la consoler.

Sœur Anne, de retour au couvent d'Avila, ne cessait de vivre, par la pensée, avec sa céleste bienfaitrice. Encouragée par les faveurs reçues, elle la traite avec une intime familiarité et redouble de confiance. Hommages et prières montent spontanément de son cœur à ses lèvres. Elle l'honore d'un tel culte que son confesseur, à qui elle en ouvre son âme, croit devoir la mettre en garde. Il lui fait prudemment observer que, seuls, les personnages canonisés par l'Eglise ont droit au culte public et aux prières liturgiques : la Mère Térèse n'ayant pas encore reçu les honneurs des autels, ne peut être invoquée avec une si complète assurance.

Le directeur n'aurait certes pas éprouvé le besoin de rappeler ces principes, s'il avait eu, comme Sœur Anne, le bonheur de contempler la Sainte dans la gloire. Mais, privé de ces lumières surnaturelles, il juge bon de modérer ce religieux enthousiasme.

Ces observations troublent la Sœur. Elle sait sainte Térèse dans le paradis ; elle peut donc l'honorer dans son intimité et l'invoquer dans ses prières. Mais elle respecte ses directeurs, qui représentent pour elle l'autorité de l'Eglise et de Dieu, et se ferait scrupule de désobéir à leur moindre conseil.

Sainte Térèse va résoudre la difficulté. Une nuit, que la Sœur s'était endormie avec cette préoccupation, elle lui apparaît pendant son sommeil, rayonnante de gloire, et lui dit avec bonté : « Ma fille, demandez ce que vous désirez, et je vous l'obtiendrai ». Dans sa joie, elle se réveille et répond : « Ma Mère, je vous demande que l'esprit de Dieu soit toujours dans mon âme ». Aussitôt, elle se sent pénétrée d'une douce sérénité, qui dissipe son inquiétude. Le Ciel a parlé : à partir de ce moment, elle rend ses hommages à la Sainte en parfaite tranquillité.

Malgré les témoignages visibles de sa protection, Anne et ses sœurs d'Avila regrettaient amèrement de ne pas posséder le corps de leur Mère. Elles résolurent de le réclamer. Elles alléguaient qu'Avila était la patrie de Térèse, que leur monastère était le berceau de l'Ordre, que la Sainte avait été longtemps leur Prieure, et que la mort la surprit en route pour Avila. Les Carmélites d'Albe, de leur côté, défendaient leur trésor. Elles répondaient que la Providence leur avait confié ce dépôt sacré, en laissant mourir chez elles la Sainte Mère, et qu'elle-même avait accepté de reposer dans leur monastère. En effet, à sa dernière heure, le Père Antoine de Jésus lui ayant demandé : « Ma Mère, faudra-t-il transporter votre corps à Avila » ?

Elle répondit : « Ne me donnera-t-on pas un peu de terre ici ? »

Après de longs pourparlers, les Carmélites d'Avila gagnèrent leur procès, et l'on décida de transférer le corps de la Fondatrice au berceau de son Ordre. Toutefois, au moment d'opérer le transport, les Pères Carmes eurent une anxiété. La Sainte était morte depuis neuf mois. Son corps n'avait pas été embaumé et on n'avait pris aucun moyen d'en assurer la conservation. Ils espéraient, il est vrai, que Dieu aurait doué de l'incorruptibilité la dépouille de son illustre servante, comme il l'a fait pour d'autres grands saints. Mais, dans le cas contraire, on redoutait des difficultés.

La sœur Anne eut la joie de dissiper ces craintes. Un jour, conformément au désir qu'on lui avait exprimé, elle suppliait la Mère de lui manifester l'état présent de ses restes. Aussitôt, elle se trouve miraculeusement devant le saint tombeau. Elle voit des yeux de l'âme, à travers les enveloppes matérielles, le corps de Térèse admirablement conservé. Elle contemple par avance, dans tous ses détails, la scène qui se déroulera prochainement à l'ouverture du cercueil ; elle perçoit même l'odeur suave exhalée par la Sainte à son trépas et que sentiront, eux aussi, les témoins de l'exhumation.

On devine avec quel empressement Anne de Saint-Barthélemy communique cette importante révélation. Elle se hâte d'autant plus que, d'après sa vision, le transfert doit s'exécuter aux environs de la fête de la Présentation qui est proche. Plus de doute sur la conservation du corps et sur les désirs de la Sainte. L'exhumation se fait à Albe, avec toutes les circonstances annoncées par la Sœur Anne ; puis on transporte les vénérées reliques au couvent d'Avila, où elles sont pieusement inhumées.

Nous n'essayerons pas d'exprimer l'allégresse des Carmélites d'Avila. Désormais, elles ne sont plus orphelines. Leur Mère les comble des mêmes bienfaits qu'autrefois. Elle accroît leur piété et leur esprit surnaturel. Entre toutes, Anne demeure l'objet d'attentions plus délicates. L'âme de Térèse, qui aime à revenir dans ces lieux familiers, lui accorde souvent le charme de sa présence ; elle dégage un parfum céleste qui attire doucement la bonne converse partout où le devoir l'appelle. Avec sa chère Protectrice, elle se permet de pieuses audaces. Une fois, elle désire connaître la vertu qui a le plus contribué à la gloire de Térèse et qui lui est le plus agréable : « C'est l'humilité, lui dit la Sainte ; elle est la base de toutes les vertus et la mesure de notre gloire éternelle. »

Ce doux commerce était si connu, qu'on chargeait la sœur Anne de consulter la sainte Mère dans les circonstances difficiles. La Prieure d'Avila avait, parmi ses sœurs professes, Térésita de Jésus, nièce de la Fondatrice. Une maison de l'Ordre la lui demandait avec instance ; mais elle ne pouvait se résoudre à la laisser partir. D'autre part, craignant de contrarier la volonté de Dieu, qui exigeait peut-être ce sacrifice, elle pria la Sœur Anne de demander l'avis de la Sainte. Anne alla prier sur son tombeau, et rapporta cette réponse : « Elle ne doit jamais sortir d'ici. » Et de fait, la sœur Térésita ne quitta jamais le monastère d'Avila : elle y vécut et y mourut saintement. A sa mort, Anne de Saint-Barthélemy, alors en France, aperçut, dans une vision, les deux âmes de la tante et de la nièce réunies dans la gloire.

La vénérable Mère, tout en prodiguant les consolations à ses chères Carmélites d'Avila, ne leur épargnait pas les épreuves. Au contraire, elle aimait à voir leurs âmes s'épurer au creuset du sacrifice, dans la mesure de leur perfection. Les filles de l'héroïque Térèse, au cœur transpercé par le glaive du séraphin, devaient, elles aussi, avoir leur part des douleurs rédemptrices.

Elles furent affligées d'une grave épidémie, qui transforma le monastère en hôpital. Toutes les religieuses sont simultanément atteintes, sauf la sœur Anne et sa compagne d'enfance, dont nous avons parlé au début de cette biographie. Comment deux personnes, déjà surchargées par les gros travaux de la maison, pourront-elles arriver à soigner tant de malades ? Le zèle de la Sœur Anne va suffire à tout. Sainte Térèse l'avait nommée jadis Prieure des infirmes : elle est à la hauteur de son rôle. Elle se dévoue, de jour et de nuit, et ne laisse aucun besoin sans secours, aucune souffrance sans soulagement. Une fois cependant, excédée de fatigue, elle sent qu'elle ne peut plus se tenir debout. Pour retremper sa vigueur, elle se traîne jusqu'au tombeau de la Fondatrice, et lui dit avec sa filiale confiance : « Ma Mère, aidez-moi ! Je suis très lasse et ne puis plus me soutenir ; donnez-moi des forces : je n'en désire que pour servir mes sœurs ». — « Va, ma fille, lui répond la Sainte, je ferai ce que tu me demandes ». Aussitôt, elle se sent renouvelée. Elle court à la cuisine, monte dans les cellules, parcourt le monastère, vaque à son travail, sans la moindre lassitude. « Son corps, dit-elle avec simplicité, est si agile qu'il lui paraît être un esprit ». Cette grâce lui dure jusqu'à la guérison complète de toutes les religieuses.

Une calamité d'un autre genre était réservée au couvent d'Avila : c'était la perte du saint corps de la Fondatrice. Don Ferdinand de Tolède, gouverneur des Etats d'Albe, demande au pape Sixte-Quint cette sainte relique, que réclamaient ses administrés, comme un gage de protection céleste. Après beaucoup d'instances, il finit par obtenir un ordre pontifical enjoignant aux Carmélites d'Avila de restituer à Albe le précieux trésor. Elles obéirent sans différer, mais le cœur brisé. Les larmes aux yeux, elles offrirent ce dur sacrifice à leur vénérée Mère. La sœur Anne accepta cette seconde séparation avec le même détachement que la première, lorsqu'elle dut quitter Albe après la mort de la Sainte.

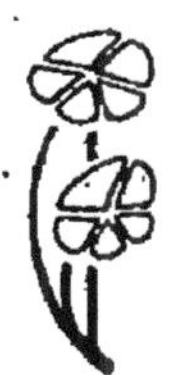

CHAPITRE DIXIÈME

VISIONS SURNATURELLES DE LA SŒUR ANNE : — ELLE PRÉVOIT 'LE DÉSASTRE DE « L'INVINCIBLE ARMADA. » — ELLE VOIT LES AMES D'AVILA PURIFIÉES PAR LE JUBILÉ. — ELLE DÉVOILE A UNE RELIGIEUSE UNE FAUTE CACHÉE. — ELLE TIRE UNE SŒUR DE L'ÉTAT D'ÉPREUVE. — ON L'APPELLE LA « SAINTE D'ESPAGNE ».

Les saints sont la lumière du monde. Leur intelligence devient plus pénétrante à mesure qu'ils se dégagent des passions qui enténèbrent l'esprit. Les clartés de la grâce élèvent encore leurs facultés, et ils apprécient mieux les événements parce qu'ils les contemplent de plus haut et dans leur pleine lumière.

Dieu daigne aussi parfois leur communiquer quelques lueurs de sa science infinie : alors, leur regard illuminé lit dans l'intime des cœurs, fouille les profondeurs du temps et de l'espace. Beaucoup d'âmes saintes ont joui de ce divin privilège. Anne de Saint-Barthélemy fut de ce nombre. Dieu la doua de connaissances extraordinaires, qui dépassaient la raison humaine. Voici, parmi tant d'autres, quelques faits qui en sont une preuve manifeste.

Il y avait, en Portugal, une pauvre fille à qui le démon faisait jouer le rôle de prophétesse. Elle avait en apparence une conduite vertueuse et son hypocrisie lui avait acquis un grand renom de sainteté. Elle en imposait au peuple par ses artifices de sorcellerie et de divination. Les foules venaient la consulter, se recommandaient à sa protection et se disputaient ses prétendues reliques. C'était l'oracle de la Péninsule.

Philippe II, roi d'Espagne, se laissa lui-même séduire. Il préparait alors une expédition pour délivrer les catholiques d'Angleterre de l'oppression que leur faisait subir la reine protestante Elisabeth. Il organisait une redoutable flotte, l'« Invincible Armada », qui devait s'unir à sa marine des Pays-Bas, anéantir l'escadre anglaise et jeter sur les côtes britanniques une puissante armée d'invasion. La prophétesse encourageait l'entreprise, assurant, au nom du Ciel, un éclatant triomphe. Aussi, quand la grande flotte sortit des bouches du Tage, Philippe II n'hésita pas à lui demander de bénir ses navires et ses soldats. Et l'on vit, dans le port de Lisbonne, ce spectacle étrange d'une escadre rangée en bon ordre, recevant, aux applaudissements de la foule, la bénédiction solennelle d'une visionnaire.

La Sœur Anne, au fond de son monastère d'Avila, gémissait de cet engouement superstitieux. Elle connaissait, par révélation, la tromperie du démon et l'indignité de la voyante. Elle aurait voulu empêcher ces préparatifs et arrêter cette armée, qu'elle savait courir à une catastrophe. Mais ses avertissements autorisés, qu'elle fit parvenir jusqu'en haut lieu, furent obstinément méconnus, et ne purent prévaloir en face des assurances données par la fausse prophétesse. Elle déplora cet aveuglement, et versa d'abondantes larmes sur la parodie sacrilège de la bénédiction de la flotte.

Hélas ! les événements ne tardent pas à confirmer ses craintes. Dieu lui montre, dans une vision, le désastre de l'armée navale, l'océan couvert d'épaves et de cadavres. Et, tandis que la sinistre illuminée affirme voir les Espagnols vainqueurs et crie avec transport : Victoire ! victoire ! tandis que toute l'Espagne trompée se réjouit d'un triomphe imaginaire, la Sœur Anne répète avec tristesse, à tous ceux qui veulent l'entendre, que les débris de l'escadre s'en vont à la dérive sur les flots. Bientôt la vérité éclate. « L'Invincible Armada » a été détruite par une affreuse tempête, au large du cap Finistère, et le duc de Medina ramène péniblement les débris de sa flotte. La victoire promise s'est changée en un désastre, qui a abîmé dans l'océan trente-cinq gros navires et treize mille soldats. Ainsi Dieu confondit Satan et ses suppôts, et confirma, par l'événement, l'inspiration prophétique de sa pieuse servante. La malheureuse prophétesse en fut si frappée qu'elle se convertit et termina sa vie dans la pénitence.

Vers cette époque, on prêcha un Jubilé à Avila. Anne de Saint-Barthélemy appréciait l'excellence de cette faveur extraordinaire ; elle se prépara de son mieux à gagner la précieuse indulgence. Elle pria beaucoup pour obtenir aux habitants d'Avila la grâce d'un parfait repentir et la plénitude du pardon. Notre-Seigneur, satisfait de ses supplications et de ses sacrifices, daigna lui montrer, après la sainte Communion, la presque totalité des âmes d'Avila purifiées par l'indulgence jubilaire et belles comme des anges. Cette vue la combla de consolation et redoubla l'ardeur de son zèle.

Dieu initiait parfois la sœur Anne aux secrets intimes du cœur humain. Une religieuse du monastère était dévorée par une morne tristesse, qui minait ses forces physiques et morales. Un Père visiteur chargea la Bienheureuse de ramener le calme dans cette conscience tourmentée. Son humilité lui fit d'abord décliner ce rôle ; mais sa charité l'emporta, et elle finit par accepter cette œuvre de miséricorde.

Suivant son habitude, elle se tourna vers le Ciel. Elle multiplia les oraisons et les pénitences pour mériter le soulagement de la sœur si cruellement éprouvée. Le divin Maître lui découvre alors la conscience de la religieuse. Elle voit cette pauvre âme si noire qu'elle en est saisie d'horreur ; mais, loin de se décourager, elle comprend que cette révélation est le prélude de la guérison. Elle va trouver la malade, et l'invite avec tendresse à s'ouvrir très franchement à son confesseur. La religieuse hésite. Sœur Anne lui rappelle alors une faute ancienne, dont elle avait méconnu la gravité et qu'elle avait négligé d'avouer. Elle lui montre que là est la cause de tous ses maux. Puis, elle la presse avec bonté de se débarrasser enfin de cette souillure. La sœur, fortement impressionnée par cette révélation, répond sans retard à l'appel de la grâce. Elle se confesse en toute franchise, avec une contrition sincère, et retrouve aussitôt la joie de la conscience et l'amitié de Jésus.

La Sœur Anne, dans une seconde vision, vit l'âme de sa chère compagne, belle cette fois et rayon-

nante comme un cristal. Son allégresse reconnaissante se traduisit en brûlantes prières. Son cœur,
naturellement enclin à la gratitude, savait aussi
que remercier Dieu est un excellent moyen de
l'incliner à de nouvelles libéralités.

Une autre religieuse du monastère d'Avila eut à
se féliciter de l'intervention de la Bienheureuse.
Elle était éprouvée par une de ces crises intérieures qui sont la pierre de touche pour les âmes ferventes. Cette crise consiste dans une dépression
morale, un abattement insurmontable, qui dégoû-
tent du devoir, et privent de toute consolation sensible même les actions les plus méritoires. Il semble que Dieu s'écarte. L'âme, ainsi délaissée, souffre d'autant plus qu'elle est plus pure, plus parfaite, plus aimante. Tous les saints ont connu cette
désolante sécheresse, qui mortifie le cœur par la
privation de tout contentement, trempe la volonté
par une lutte continuelle, et fixe l'esprit en Dieu
seul par une complète abnégation de soi-même.

La sainte carmélite gémissait dans son abandon
et suppliait en vain Notre-Seigneur d'abréger son
épreuve. Connaissant l'éminente vertu de la Sœur
Anne, elle la pria de l'aider par sa puissante mé-
diation. La Bienheureuse, dans son humilité, se
reconnaît d'abord indigne d'intercéder pour une
compagne si exemplaire. Mais bientôt sa charité
lui inspire de si ardents appels à la Bonté divine
qu'une pluie de grâces inonde l'âme desséchée de
la sœur, et l'abreuve de consolations. Le Sauveur
fait connaître cet heureux changement à la Sœur
Anne, et lui révèle les progrès étonnants que va
réaliser vers la perfection ce cœur épuré par la
souffrance.

Tant de mérites et de faveurs obtenues, relevés
par une profonde humilité, faisaient à la sainte
converse une auréole de vénération. Ses sœurs la
révéraient comme une grande amie de Dieu et
l'ombre vivante de leur séraphique Mère. Sa vertu
éclatait aussi au dehors, malgré ses efforts à la dis-
simuler. Le bruit de ses bienfaits, répandu au loin,
lui attirait de toutes parts des marques de respectueuse confiance. On l'appelait partout la *Sainte
d'Espagne.*

CHAPITRE ONZIÈME

Sœur Anne de Saint-Barthélemy au monastère
de Madrid. — Miraculeuse intervention de
sainte Térèse. — Un second noviciat sous la
direction de la Sœur Anne. — Son recueillement. — Sa patience dans les injures. —
Pluie miraculeuse. — Guérison d'une aliénée.
— Sœur Anne revient a Avila.

Depuis la mort de sainte Térèse, Anne de Saint-Barthélemy avait résidé au monastère d'Avila. Nous allons la suivre au couvent de Madrid, où ses bienfaits provoqueront l'admiration reconnaissante de sa Communauté et de la ville entière.

La Mère Marie de Saint-Jérôme, Prieure d'Avila, fut nommée Prieure du couvent de Madrid. Elle désira que la Sœur Anne, dont elle appréciait la sagesse, devint sa collaboratrice dans ses difficiles fonctions. La situation était assez délicate. L'ancienne Prieure avait dû résigner sa charge à la suite de divergences de vues avec certains supérieurs, sur des questions de gouvernement. Mais, religieuse de haute vertu, elle avait conservé les sympathies de ses filles. La nouvelle Supérieure avait besoin de beaucoup de tact et d'esprit surnaturel pour ménager la transition.

Dieu exauça les prières de la Mère Marie de Saint-Jérôme et de la Sœur Anne, et aplanit, par un miracle, les premières difficultés. Voici comment la Bienheureuse le raconte elle-même dans son Autobiographie : « Les trois premiers mois, » dit-elle, Dieu vint en aide à la Prieure en con» fiant à notre sainte Mère Térèse le gouvernement » du monastère. Je l'apercevais aussi distincte» ment que si elle eut vécu parmi nous, ce qui » m'inspirait un si grand respect que je n'osais » l'envisager. Lorsque je venais parler à la Prieure, » je ne voyais que la Sainte. Les religieuses, qui » ne connaissaient rien de ce mystère, se disaient » avec étonnement : « Quelle supérieure nous » avons ! Nous craignions qu'elle ne fut trop sé» vère et elle gouverne comme un ange ! Pour» quoi avions-nous répugnance à la recevoir ? » » Surprises de cette merveille, elles ne savaient » que dire, parce que le couvent était comme un » paradis, où l'on jouissait de la paix des âmes » bienheureuses. J'étais encore plus ravie qu'elles, » parce que je connaissais la cause de ce bonheur ; » mais je n'en disais rien à personne. Après trois » mois écoulés, je ne vis plus la Sainte ; mais, » digne écolière d'une si savante maîtresse, la » Prieure gouverna, pendant le reste de son trien» nat, avec beaucoup de prudence et de discré» tion. »

De son côté, Anne de Saint-Barthélemy eut vite gagné la confiance générale, par sa douceur et sa simplicité. Elle se servait de son influence au profit de la Prieure, qu'elle assistait de ses conseils et entourait de son dévouement. Le Seigneur, en récompense de sa charité, lui accordait de nombreuses grâces et la favorisait, presque continuellement, de sa divine présence.

Sa sainteté lui donnait un tel ascendant, que les religieuses lui exprimèrent le désir de faire un second noviciat sous sa direction. La Prieure y consentit. Et l'on vit les sœurs de chœur, professes pour la plupart depuis plusieurs années, se ranger sous la conduite d'une humble sœur converse, pour mieux apprendre les secrets de la perfection. Maîtresse parfaite de ces singulières novices, elle les pressa avec tant d'ardeur dans les voies de la vertu qu'elles réalisèrent des progrès surprenants.

Sœur Anne était à la fois tourière, infirmière et cuisinière. Tous ces travaux absorbants ne dissipaient pas son recueillement. Elle restait toujours et partout unie à Dieu par la pensée et les affections. L'idée de la présence continuelle de son divin Maître lui inspirait la patience dans les peines et le calme dans les difficultés et les contradictions.

Un jour, la charitable infirmière portait le dîner à une sœur malade ; celle-ci, excitée par la souffrance, la reçoit fort mal, et s'oublie même jusqu'à lui faire des reproches injurieux. La Sœur Anne, toujours avide d'humiliations, reste impassible sous l'orage. Puis, son devoir rempli, elle sort et va dans sa cellule prier pour la pauvre infirme. Jésus lui apparaît et lui dit avec douceur : « C'est ainsi qu'il faut demeurer dans la charité, et souffrir sans se plaindre ». A ces paroles, son cœur fondit de joie : elle pensa s'évanouir. Dorénavant, selon sa poétique expression, elle écouta les injures « avec autant de plaisir que le chant harmonieux des oiseaux ».

La charité de Sœur Anne, qui réchauffait le monastère, rayonnait aussi à l'extérieur. Durant un été, la campagne de Madrid souffrait d'une terrible sécheresse. Lès plantes mouraient sur pied, les récoltes étaient menacées, et la famine imminente. Clergé et fidèles imploraient vainement la clémence du Ciel par des prières publiques, des processions, des pèlerinages. Le confesseur de la Sœur Anne lui dit un jour : « Avez-vous prié beaucoup pour conjurer cette calamité ? » — Hélas ! répond-elle avec candeur, tant de saintes âmes demandent la pluie sans l'obtenir, que je n'ose m'en mêler ». Le prêtre, touché par cette humilité, ordonne à sa pénitente de s'unir à la supplication générale, et d'aller aussitôt se mettre en oraison. La sœur se dispose à obéir ; mais, à ce moment, la Prieure l'envoie au parloir tenir compagnie à une religieuse. Anne s'y rend, se recueille, et s'absorbe dans une fervente prière.

A l'instant même, le ciel s'assombrit et se couvre de gros nuages, qui versent sur les terres arides des torrents de pluie. Lorsque la ville de Madrid apprend à qui elle doit ce prodige, elle rend grâces à Dieu et exalte sa bienfaitrice.

Anne de Saint-Barthélemy s'enfonçait dans le mépris de soi, à mesure qu'elle grandissait aux yeux des autres. Elle se complaisait en la considération de sa misère et de son néant. Aussi Notre-Seigneur, qui aime à exalter les humbles, l'élevait par degrés jusqu'aux sommets de la vie mystique. Après une communion plus fervente, il lui fut donné de contempler la grandeur du Dieu qui se donne, et la petitesse de l'homme qui le reçoit dans le sacrement de l'Eucharistie. A cette vue, elle s'anéantit dans une adoration profonde, et conçut une plus grande révérence pour le miracle de la Présence réelle.

Cependant les prières de la pieuse converse attiraient de nouvelles faveurs sur le Carmel de Madrid. Une religieuse était tombée en démence. Les sœurs, affligées de son triste état, ne savaient plus que faire pour la soulager. Le cœur d'Anne de Saint-Barthélemy en était tout bouleversé. Elle recourut à son habituelle ressource : une supplication confiante au Cœur de Jésus. Aussitôt la malade recouvra ses facultés. Interrogée sur la cause de ce changement subit, elle répondit que la Sainte Vierge et sainte Térèse lui étaient apparues et l'avaient guérie.

Une autre fois, une religieuse du monastère songeait à la Bienheureuse pour la fondation d'une nouvelle maison. Elle traitait cette affaire avec les supérieurs, à son insu. Quelle n'est pas sa stupéfaction en voyant la Sœur Anne l'aborder d'un air souriant, et lui dire sans préambule : « Que tramez-vous, ma Sœur ? N'allez pas plus loin ; j'irais de bon cœur à cette fondation, mais je ne puis actuellement abandonner notre Mère ». Anne avouera plus tard qu'elle avait connu ces projets par révélation.

Ainsi s'écoulait, au couvent de Madrid, le séjour de notre Bienheureuse, dans l'exercice d'une piété confiante, d'une charité toujours en éveil, et d'une humilité édifiante.

Les quelques traits que nous avons relatés ne donnent qu'une faible idée du bien qu'elle fit dans la communauté et des faveurs dont Dieu récompensa son éminente vertu.

Après trois ans de gouvernement, la Mère Marie de Saint-Jérôme revint au couvent d'Avila et ramena avec elle sœur Anne de Saint-Barthélemy, dont l'absence avait paru bien longue à toutes les religieuses.

CHAPITRE DOUZIÈME

ANNE de Saint-Barthélemy fut accueillie avec transport, à sa rentrée, par ses compagnes d'Avila. Ce fut une fête pour elles de recouvrer leur sainte et aimable converse, dont la vie idéale les édifiait. Dieu attache ainsi aux pas des saints un puissant attrait, et fait rayonner de leurs actes une vertu irrésistible qui porte au bien.

Mais, au milieu des joies du retour, la Bienheureuse trouva une épine parmi les roses. C'était une pauvre malade atteinte de mélancolie noire, que personne n'arrivait à contenter. La Sœur Anne n'y parvint pas davantage. Cependant, en qualité d'infirmière, elle l'entourait des attentions les plus délicates. Peine perdue ! La fâcheuse était mécontente de tout, et payait les soins les plus dévoués par des paroles blessantes. Un jour, l'infirmière veut avoir raison de cette humeur acariâtre. Elle va préparer, à la cuisine, un petit repas soigné, composé des douceurs qu'elle savait être les plus agréables à sa malade. Elle se présente ensuite radieuse, et lui offre ces mets appétissants. Mais son art culinaire et ses prévenances obtiennent un résultat contraire à son attente. La réception est pire que jamais. La grondeuse se fâche, crie, tempête et refuse même de goûter aux friandises, ultime espoir de la Sœur Anne. Celle-ci se voit enfin contrainte de battre en retraite, sous l'averse des paroles désagréables. Elle sort, aussi calme, aussi souriante qu'elle était entrée, et va à la chapelle remercier Dieu de cette bonne fortune, et prier pour la guérison de sa chère malade. Sa prière fut exaucée, car la neurasthénique ne tarda pas à être débarrassée de son infirmité.

Sur ces entrefaites, la Bienheureuse fut envoyée à Ocagna, à l'occasion d'une nouvelle fondation. Elle apporta dans ce monastère naissant l'exemple de ses vertus héroïques. Ici, comme ailleurs, sa vie fut un tissu de prodiges.

Un jeudi-saint, après l'office, elle entra dans un profond recueillement. La méditation des souffrances de Notre-Seigneur l'impressionna si fortement qu'elle demeura trois jours sans pouvoir prendre aucune nourriture. Elle éprouvait un insurmontable dégoût de tout aliment. Cependant elle eut envie de sucer une orange pour étancher sa soif et calmer sa fièvre. Mais, sachant qu'on n'en avait pas au couvent, elle s'abstint de manifester son désir, et offrit à Dieu ce sacrifice. La récompense ne se fit pas attendre. Un pauvre, inconnu, vint demander l'aumône et offrit à la portière trois belles oranges, en la priant de les donner tout de suite à la malade.

La sœur Anne, dans ce cadeau inespéré, reconnaît une attention délicate de son bon Maître. Elle s'écrie, débordante de reconnaissance : « Qu'il est bon de s'oublier un peu par amour pour Jésus ! Il le sait bien rendre. » On eut beau chercher le prétendu pauvre autour du monastère, nul ne put le découvrir ; on interrogea les voisins, personne ne l'avait vu.

Un autre jour, la Bienheureuse était fatiguée. A la suite d'un traitement énergique, elle se sentit épuisée. Elle pria l'infirmière de lui donner quelque aliment propre à la réconforter. Celle-ci chercha en vain : la maison était si pauvre qu'elle ne put rien trouver. L'infirmière, désolée de cette indigence, fut bientôt consolée. Quelqu'un frappa à la porte et, sans rien dire, passa un pot de confitures. On ne put jamais savoir qui l'avait apporté. La malade prit avec joie les douceurs que le Ciel lui envoyait, et rendit grâces à la Providence, qui l'assistait ainsi dans ses moindres besoins.

Anne de Saint-Barthélemy reçut, au couvent d'Ocagna, beaucoup d'autres faveurs. L'une des plus remarquables fut l'annonce de sa prochaine venue en France. Une nuit de Noël, après Matines, elle eut une vision : elle voyageait vers la France avec plusieurs compagnes, parmi lesquelles elle reconnut la Mère Anne de Jésus. Elle se voyait ballottée sur une mer tumultueuse, et en butte à de graves dangers. Elle en était tout effrayée. Mais Notre-Seigneur lui apparut et lui dit : « L'olive et le raisin doivent passer sous le pressoir pour donner leur suc : tous mes amis marchent par cette voie, je veux que tu fasses de même. » Cette exhortation ranima son courage : elle se sentit prête à braver tous les périls, pour faire le bon plaisir de Dieu.

La Sœur Anne communiqua cette vision à la Prieure du monastère qui, à son tour, brûla du désir de se sanctifier par le sacrifice. Ces deux âmes s'encourageaient mutuellement dans leurs résolutions. Mais bientôt un ordre de leurs supérieurs vint les séparer. La Mère Prieure dut quitter Ocagna pour aller diriger le monastère de Madrid.

Arrivée dans cette ville, elle songea à réaliser son rêve d'immolation. Elle voulait fonder, dans un désert, une maison isolée, où elle se retirerait avec quelques compagnes, afin d'y vivre en recluses, absolument séparées du monde. Elle manda son projet à la sœur Anne, et l'invita à l'accompagner dans sa solitude. Mais notre Bienheureuse, dont la sagesse égalait la piété, se garda de verser dans cet excès de zèle. Elle lui répondit qu'elle n'approuvait point cette nouveauté, opposée aux constitutions de leur sainte Fondatrice, et la pressa fortement d'abandonner son dessein.

Cependant, Anne de Saint-Barthélemy fut à son tour appelée à Madrid. En s'y rendant, elle faillit être noyée au passage d'une rivière. Le conducteur de la voiture, jugeant l'eau peu profonde, crut pouvoir la traverser sans danger. Mais, quand l'attelage eut atteint le milieu, le courant souleva le véhicule et menaça de l'emporter. Les voyageurs, affolés, poussaient des cris de détresse. Seule, la Sœur restait calme et rassurait ses compagnons de route. Après de longs efforts et des angoisses mortelles, on put enfin atteindre la rive et continuer le voyage. La Bienheureuse avait été l'ange tutélaire du groupe.

Un peu plus loin, elle rencontra un ermitage dédié aux apôtres saint Philippe et saint Jacques. Elle y entra, pour faire ses dévotions. Elle supplia spécialement Notre-Seigneur de détourner la Prieure de Madrid de son projet, s'il était contraire aux intentions de sainte Térèse et au bien de l'Ordre. Une voix intérieure lui fit entendre que ce dessein ne serait pas exécuté. Cette indication surnaturelle acheva de la déterminer à refuser son concours à l'entreprise.

Sa résolution n'était pas superflue. En effet, dès son arrivée au couvent de Madrid, elle fut à nouveau instamment sollicitée par la Prieure. A tous les motifs invoqués, elle, répondit avec énergie qu'elle ne voulait pas changer ce que la sainte Fondatrice avait établi ; que la Règle et les Constitutions étaient sa seule loi, et que tout ce qui s'en écartait, même sous prétexte de plus grande perfection, était une illusion dangereuse.

C'était là le langage du bon sens, et c'était aussi le véritable esprit des filles de sainte Térèse. Malheureusement l'exaltation et l'engouement l'emportèrent. On raillait même Sœur Anne de sa résistance au souffle divin, et on la traitait de mitigée. On précipitait les préparatifs du départ pour la solitude tant désirée. Enfin, tout étant prêt, le petit groupe des solitaires prit le chemin du désert.

En fuyant le monde, ces âmes trop zélées avaient en vue le bien de la religion et leur perfectionnement personnel. Mais leur plan était une utopie ;

aussi Dieu se contenta de leur bonne volonté. Le nouvel établissement fut bientôt inhabitable, à la suite de plusieurs calamités qui montrèrent claire- ment l'opposition de la Providence. Après trois mois de dures épreuves, les pauvres cénobites du désert durent réintégrer, toutes honteuses, leur ancien monastère, avec un sincère regret de leur échappée, et le ferme propos de se défier à l'avenir des lubies de leur imagination. Notre Bienheu- reuse avait finalement raison et le Ciel, une fois de plus, avait parlé par sa bouche. Mais sa modestie et sa charité lui inspirèrent, dans son triomphe, une si parfaite bonne grâce qu'elle fut, à cette heure pénible, la consolatrice des brebis égarées, revenues confuses au bercail.

Après ces événements, Anne de Saint-Barthélemy demeura quelque temps à Madrid. Elle continua d'y recevoir des révélations surnaturelles. Un jour, une ancienne carmélite de Valladolid lui apparut pour lui exposer sa peine. C'était une âme bien intentionnée, mais un peu volage, qui ne pouvait se fixer nulle part. Pour devenir soi-disant plus parfaite, elle avait quitté le Carmel et était entrée dans une autre congrégation. Or, elle payait cruel- lement son inconstance par des anxiétés et des déchirements intérieurs. Elle se montra à Sœur Anne, les yeux en pleurs, le visage douloureux, et lui dit d'un ton plaintif : « Oh ! que je suis navrée d'être ici ! »

Dans une autre circonstance, Anne vit sainte Térèse, accompagnée de deux carmélites qu'elle connaissait. Toutes les trois s'avançaient, rayon- nantes, dans un chemin fleuri. Elle comprit qu'el- les étaient en route pour le ciel. Leur bonheur radieux éveille subitement en elle un violent désir de les suivre. Dans son transport, elle dit à la Sainte : « Ma Mère, emmenez-moi ! — Non, répond celle-ci, il n'est pas encore temps ; il faut que vous demeuriez, et que vous fassiez dans le monde ce que j'y ferais, si j'y étais encore. »

Sainte Térèse faisait allusion à la grande œuvre que devait accomplir Anne de Saint-Barthélemy en France et en Belgique. Nous allons la voir sur ce nouveau théâtre de son zèle.

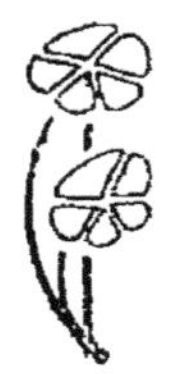

CHAPITRE TREIZIÈME

Affection de Sainte Térèse pour la France.— Démarches faites pour fonder en France des couvents de Carmélites. — Principaux personnages qui s'occupèrent de cette œuvre. — Lettres patentes du roi Henri IV. — Bref du Pape. — Construction du premier monastère de Paris.

Avant de suivre en France Anne de Saint-Barthélemy, résumons les démarches qui précédèrent l'arrivée des Carmélites à Paris.

Sainte Térèse eut toujours à cœur le bien spirituel de la France. Elle avait été profondément émue par les ravages du Protestantisme et des guerres de religion. Elle explique ainsi ses sentiments, au premier chapitre de son livre : *Le chemin de la Perfection*.

« Ayant appris les troubles de la France, les
» ravages qu'y faisaient les Calvinistes, et les ra-
» pides accroissements que prenait de jour en jour
» cette secte désastreuse, j'en fus très vivement
» touchée... Je répandais des larmes devant Dieu,
» et je le suppliais de porter remède à un si grand
» mal. J'aurais donné volontiers mille vies pour

» sauver une seule de ces âmes, que je voyais se
» perdre en si grand nombre dans ce royaume.....

» Je résolus de pratiquer les conseils évangéli-
» ques avec toute la perfection dont je serais ca-
» pable, et de porter mes religieuses à faire de
» même. Je fondais ma confiance en la grande
» bonté de Dieu, qui ne manque jamais d'assister
» ceux qui renoncent généreusement à tout pour
» l'amour de lui. Je me persuadais que... nous
» contenterions Notre-Seigneur, en nous occupant
» toutes à prier pour les prédicateurs, les défen-
» seurs de l'Eglise, et les savants qui soutiennent
» sa cause. »

Sainte Térèse transmit à ses filles son amour débordant pour la France. Dieu lui-même inspira directement à quelques-unes d'entre elles de se dévouer pour notre pays. Nous avons raconté les révélations qui annonçaient à Anne de Saint-Barthélemy sa mission parmi nous. La Mère Anne de Jésus et les autres Carmélites espagnoles qui vinrent fonder le premier monastère de Paris, furent aussi providentiellement préparées.

Pour amener en France les filles de sainte Térèse, Dieu se servit de l'intermédiaire de quelques âmes d'élite.

L'année même où mourut la Réformatrice du Carmel, en 1582, un gentilhomme de Rouen, M. de Brétigny, fut amené par ses affaires en Espagne, dont sa famille était originaire. Il y connut les Carmélites, et apprécia leur sainteté. Dès lors, il n'eut qu'un désir, les voir établir en France. Devenu prêtre, il traduisit, de l'espagnol en français, les principaux ouvrages de sainte Térèse, et les répandit autour de lui. La connaissance des vertus extraordinaires et des œuvres merveilleuses de la séraphique Mère enthousiasma d'excellents esprits, qui furent ainsi excités à agir pour assurer à notre patrie le bienfait du Carmel.

Parmi les personnages qui travaillèrent efficacement à la sainte entreprise, figure au premier rang Mme Acarie. Cette femme vertueuse habitait Paris, et devint plus tard Carmélite, sous le nom de sœur Marie de l'Incarnation, après avoir donné ses trois filles à l'Ordre. Sainte Térèse lui apparut, à trois reprises, et lui fit connaître que Dieu l'avait choisie pour être la zélatrice du Carmel. Mme Acarie consacra de grand cœur à cet apostolat sa personne, son temps, son influence et ses ressources. Elle organisa même, dans sa maison, la Congrégation de Sainte-Geneviève, petite société de pieuses jeunes filles, qui fournira les premières postulantes au monastère de Paris.

L'abbé de Bérulle, plus tard Cardinal, grand aumônier d'Henri IV, et deux prêtres distingués de Paris, MM. Gallemant et du Val, se dépensèrent si bien, pour l'œuvre Térésienne, qu'ils méritèrent d'être nommés, par le Saint Père, premiers Supérieurs des Carmels français. Ils remplirent cette charge avec un zèle et un tact irréprochables.

Catherine d'Orléans, duchesse de Longueville, apporta aussi son concours précieux. Cette illustre princesse avait renoncé aux joies du monde, pour s'adonner aux exercices de piété et aux œuvres de charité. Dieu l'avait désignée à Mme Acarie comme fondatrice du premier monastère. Elle accepta ce titre, avec toutes ses obligations. Usant de son crédit auprès du roi, elle le décida à autoriser la fondation, par lettres patentes expédiées le 18 juillet, et enregistrées au Parlement le 1er octobre 1602.

Voici un court extrait de ce document royal, dont le lecteur appréciera le sens patriotique et religieux.

« Henry, par la grâce de Dieu, roi de France et
» de Navarre...

» Les rois nos prédécesseurs, ayant par leurs
» héroïques exploits et leurs hautes et magnani-
» mes entreprises pour la gloire de Dieu et accrois-
» sement de notre sainte foi et religion catholique,
» apostolique et romaine, acquis le nom de rois
» très chrétiens..... notre plus grand désir est
» aussi de dignement assurer à nous ce titre et à
» nos successeurs.....

» Et d'autant qu'entre leurs vertueuses actions,
» celle qui a le plus recommandé leur mémoire à
» la postérité a été le soin qu'ils ont eu d'établir et
» de fonder, par leur singulière dévotion et piété,
» plusieurs églises, monastères et communautés
» de religieux et de religieuses, pour prier Dieu
» pour le salut et prospérité de leur personne et
» de leur Etat....., désirant en cela comme en toutes
» autres choses les imiter et nous rendre dignes
» des mêmes grâces que le Ciel leur a abondam-
» ment départies..... ;

» Nous inclinant favorablement à la très humble
» supplication qui nous a été faite par notre très
» chère et amée cousine, la demoiselle de Longue-
» ville, et ayant dûment informé de la dévotion et
» commodité d'aucuns bons sujets, qui nous ont
» fait entendre avoir une particulière intention et
» inclination à ériger et renter un monastère de

» religieuses Carmélites de la Réforme ; désirant
» favoriser en tout ce qui nous sera possible la
» piété et les saintes intentions de nosdits sujets ;
» Nous leur avons..., de notre autorité royale,
» et en faveur de la reine, notre très-chère et amée
» compagne, et de notre très-cher fils le dau-
» phin....., permis d'ériger....., en notre bonne
» ville de Paris, lesdits monastères de religieuses,
» qui seront composés d'une communauté de filles
» et femmes veuves, lesquelles porteront le titre
» de *Notre-Dame des Carmes Réformés*, vivront au
» dit monastère sainctement, religieusement. selon
» les statuts qui s'établiront entre elles, et y prie-
» ront Dieu pour le salut de nous, de la reine,
» notre digne compagne, et de notre digne fils le
» dauphin, ensemble pour la paix et la tranquil-
» lité du royaume... »

Après avoir obtenu la licence royale, la duchesse de Longueville demanda l'autorisation du
Souverain Pontife. Elle députa à Rome M. de San-
teuil, secrétaire du roi, qui obtint du pape Clément VIII la bulle d'érection.

A cet effet, Sa Sainteté présida en personne une
congrégation extraordinaire de seize cardinaux.
Pour donner plus d'éclat à la faveur accordée aux
Carmélites de France, le pape fit signer la décision
par tous les membres présents. Au dire du cardinal
d'Achat, jamais érection de monastère ne s'était
faite avec tant de solennité. La bulle fut expédiée
le 13 novembre 1603.

Pendant ce temps, on s'occupait de préparer
pour les religieuses un local convenable. On
choisit le prieuré de Notre-Dame-des-Champs, si-
tué au faubourg Saint-Jacques. On croyait d'abord

pouvoir utiliser les bâtiments ; mais on ne put conserver que l'église, et il fallut construire un nouveau monastère. La première pierre fut posée par la duchesse de Nemours, au nom de la reine Marie de Médicis, et la seconde par la duchesse de Longueville et la princesse d'Estouteville, sa sœur. Les architectes se conformèrent aussi exactement que possible au plan remis par les Carmélites espagnoles à M. de Brétigny. On observa à la lettre les prescriptions concernant le chœur, les grilles, le cloître et les autres lieux réguliers. Rien ne fut négligé pour rendre les couvents de France conformes à ceux d'Espagne.

Ces travaux très considérables, ainsi que la dotation prévue du monastère, occasionnèrent de grosses dépenses, auxquelles firent face généreusement les amis et les protecteurs des Carmélites.

Tout est prêt pour recevoir les filles de sainte Térèse. Il ne reste plus qu'à aller chercher en Espagne les saintes religieuses qui doivent former le noyau de cette grande fondation.

CHAPITRE QUATORZIÈME

L'abbé de Brétigny voulut bien se charger de traiter avec les Pères Carmes d'Espagne pour obtenir des religieuses. Le 26 octobre 1602, dans une longue lettre au Général de l'Ordre, il lui expose la situation. Il lui représente les progrès, en France, de la dévotion à sainte Térèse, l'impatience des âmes pieuses de posséder des filles de son Ordre, le grand nombre de postulantes avides de prendre le voile, l'avancement de la construction du monastère de Paris, la nécessité de mettre à la tête de l'établissement des sœurs formées par la Fondatrice et capables d'en perpétuer l'esprit. Il fait appel, en terminant, au zèle et à la charité du R. Père Général, et le supplie d'accueillir favorablement une requête qui intéresse la gloire de

Dieu, le bien des âmes et l'accroissement de l'Ordre du Carmel.

Le Père Général répondit simplement que les supérieurs espagnols avaient résolu de ne permettre aucune fondation à l'étranger. Ce refus catégorique ne découragea pas M. de Brétigny. Avec une sainte ténacité, il continua ses démarches. Au reste, plusieurs Carmélites espagnoles le pressaient, dans leurs lettres, de ne point abandonner son entreprise, et l'assuraient qu'étant voulue du Ciel elle aurait une issue favorable.

Cependant les négociations traînaient, devant le refus formel des Supérieurs. On décida alors, pour aboutir plus vite, d'envoyer en Espagne une délégation composée de M. de Brétigny, Mme de Pucheul, Mme Jourdain et Mlle Lesgu — ces deux dernières futures Carmélites. Quelques fidèles serviteurs les accompagnaient.

Un voyage en Espagne, à cette époque, était chose difficile. Le groupe se forma à Orléans, le 29 septembre 1603, fête de saint Michel. On descendit la Loire en bateau et, après de longs retards, on s'embarqua à Saint-Nazaire. La traversée fut d'abord heureuse. Mais soudain se déchaîne une formidable tempête, soulevée sans doute par le démon pour engloutir les courageux pèlerins. Les vents furieux déchirent la mer, les vagues déferlent mugisssantes et balaient le tillac ; les matelots abandonnent la manœuvre, et le navire, ballotté par les flots pendant trois jours et trois nuits, est à chaque instant sur le point de sombrer. Les voyageurs malades, épuisés, ne peuvent prendre ni nourriture ni repos. Néanmoins ils restent calmes dans le danger, et font monter vers le Ciel leurs confiantes prières. Enfin, l'ouragan s'apaise et ils finissent par atteindre le petit port de Laredo, sur la côte de Biscaye.

De nouvelles épreuves les attendaient. Ils furent obligés de se rendre à Burgos à dos de mulet, à travers des montagnes abruptes, par des sentiers souvent encombrés de neige ou de glace. La route fut longue, pénible, marquée d'accidents et de privations. Plusieurs fois ils durent dîner de harengs saurs, malgré leur appétit aiguisé par la marche, et s'abriter dans de misérables masures. Mais la pensée de leur noble mission soutenait leur courage. Dieu, d'ailleurs, les assistait visiblement. A un passage dangereux, ils rencontrèrent un jeune cavalier, qui s'offrit aimablement à les accompagner. Il les dirigea, les tira des pas difficiles, et les quitta poliment lorsqu'ils furent hors de danger, aux environs de Burgos. La petite troupe demeura convaincue que ce guide opportun était un ange envoyé du Ciel. Mme Jourdain, dans sa relation écrite, l'appelle « notre Raphaël ».

Après un court séjour à Burgos, on se dirigea sur Valladolid, où l'on arriva le 30 novembre, 1er dimanche de l'Avent. Les pèlerins furent reçus chez un frère de Mme de Pucheul. M. de Brétigny s'empressa d'écrire au Général des Carmes, lui demandant d'accéder enfin à ses supplications. Le Général répondit simplement qu'il le plaignait d'être venu de si loin essuyer un nouveau refus. M. de Brétigny communiqua à M. de Bérulle le résultat de ses démarches, et le pressa de se rendre à Valladolid, sa présence lui paraissant indispensable. L'abbé de Bérulle part aussitôt pour l'Espagne, accompagné de M. Gaultier, secrétaire d'État du roi, qui porte une lettre d'Henri IV pour le roi d'Espagne et un bref du pape pour le nonce de Madrid.

Les voyageurs, après un long et pénible parcours, arrivèrent à Valladolid, au commencement du Carême de 1604, et leur venue combla de joie les amis qui les attendaient.

L'abbé de Bérulle, sans perdre un moment, demande audience au roi d'Espagne, Philippe III, et en obtient toutes les autorisations nécessaires. Puis il va trouver, à Madrid, le R. P. François de la Mère de Dieu, Général des Carmes. Mais, malgré l'approbation du roi d'Espagne, malgré les recommandations du roi de France, malgré les instances du nonce apostolique, le Supérieur reste inflexible. Selon lui, il serait téméraire d'envoyer de pauvres Carmélites dans un pays déchiré par l'hérésie et les guerres civiles.

MM. de Bérulle et de Brétigny luttent longtemps, mais en vain. En désespoir de cause, ils exhibent un ordre du Souverain Pontife, qui enjoint au Supérieur des Carmes d'autoriser le départ, pour la France, d'un groupe de Carmélites destinées au monastère de Paris. Le Révérend Père Général s'incline avec respect devant la volonté du Saint-Père. Il ne restait plus qu'à désigner les religieuses qui devaient former la colonie.

Après des démarches hérissées de difficultés, l'abbé de Bérulle finit par obtenir les Sœurs qu'il désirait. Parmi elles, se trouvait la sœur Anne de Saint-Barthélemy, qui devait être l'une des pierres fondamentales de la fondation française.

Pendant ces délibérations, la Bienheureuse traversait de terribles angoisses. Assurée, par révélation, de sa mission en France, elle était toute disposée à y correspondre. Mais les oppositions des Supérieurs la préoccupaient. Elle se demandait, comme eux, ce que feraient de pauvres religieuses dans un pays étranger, plein d'hérétiques, et dont elles ignoraient la langue et les coutumes. Ne fallait-il pas aux Français, pour leur prêcher la vérité, des missionnaires au verbe éloquent plutôt que des Carmélites vouées au silence ! De plus, ses cinquante-cinq ans, ses forces usées, sa nature timide s'effrayaient à la pensée d'un exil laborieux, au terme de sa carrière.

Elle prit conseil de son divin Maître. Un jour, après la sainte Communion, elle lui demanda tendrement ce qu'elle devait faire. « Pars, répondit Jésus, et ne t'arrête pas à toutes ces difficultés. Comme le rayon de miel attire les mouches, tu attireras les âmes. »

Une religieuse, amie intime de la sœur Anne, se plaignait au Seigneur des peines que sa compagne bien aimée aurait à souffrir dans des régions lointaines. Elle entendit cette réponse, au fond de son cœur : « Il faut qu'elle parte ; on ne doit pas l'en détourner. Ceux qui soignent les abeilles en sont parfois piqués, mais ils ne laissent pas d'en recueillir le miel ». Une autre Carmélite d'Avila, anxieuse sur l'avenir de la sœur Anne, reçut du Sauveur cette réponse : « Dis-lui qu'elle parte sans crainte : comme mes Apôtres, elle sera affligée ; mais ses tristesses se convertiront en joies ». Beaucoup d'autres Sœurs eurent des révélations semblables.

Ces paroles d'encouragement, données par le Ciel à ses compagnes, impressionnaient plus fortement la Bienheureuse que les communications faites à elle-même, et dont son humilité craignait l'illusion. Elles raffermissaient sa bonne volonté. L'Archange saint Michel, patron de la France, lui apporta le dernier mot d'ordre d'En-Haut. A l'instant même où le départ fut conclu, il lui apparut, sous la figure d'un magnifique guerrier armé de pied en cap, et lui dit d'un ton plein de douce majesté : « Ç'en est fait, vous êtes à la France ! »

CHAPITRE QUINZIÈME

Départ pour Paris des Carmélites espagnoles. Le cortège. — Sympathie des populations. — Une alerte. — Une visite au Crucifix miraculeux de Burgos. — La voiture des Sœurs suspendue sur un abîme. — Neveu de la Sœur Anne tiré d'un mauvais pas. — Au pont de Tolosetta. — On franchit la frontière. — Un violent orage. — Un dernier prodige. — Arrivée a Paris.

Les six Carmélites espagnoles, désignées pour fonder le monastère de Paris, étaient : Anne de Jésus, Béatrix de la Conception, Isabelle des Anges, Eléonore de Saint-Bernard et Isabelle de Saint-Paul, religieuses de chœur, et Anne de Saint-Barthélemy, notre héroïne, qui était encore sœur converse.

Elles se réunirent au couvent d'Avila, le 24 août, fête de saint Barthélemy, quarante - deuxième anniversaire de la fondation, dans cette ville, du premier monastère des Carmélites déchaussées. Durant leur séjour, on vit apparaître, au-dessus de leur maison, six étoiles d'inégale grandeur, qui brillaient jour et nuit, symbole des saintes religieuses qui allaient faire luire la lumière du Christ sous le beau ciel de France. La Sœur Anne, qui raconte ce fait dans son Autobiographie, ajoute avec une modestie charmante : « Mon étoile était sûrement la plus petite ! »

Elles sortirent d'Avila, le 29 août 1604, au milieu des larmes de leurs compagnes, de leurs parents et de leurs amis. Le cœur serré, elles dirent un dernier adieu à leur famille, à leur patrie et à leurs bien aimés monastères. Mais le sacrifice était allégé par la pensée du bien que Dieu demandait à leur zèle, sur un autre champ d'apostolat.

Elle part enfin pour la France, la petite colonie des Filles du Carmel. Deux Pères Carmes les accompagnent ; les délégués français, qui les ont obtenues au prix de tant d'efforts, sont maintenant leur escorte d'honneur. Le groupe se compose d'une vingtaine de personnes. Les religieuses, montées dans un coche, occupent le premier rang, qu'on leur a assigné par respect. Les dames françaises suivent, dans une autre voiture ; le reste du cortège est à cheval ou à pied, rangé autour des attelages pour prévenir les accidents.

Les saintes voyageuses étaient accueillies partout avec sympathie. Le peuple espagnol manifestait, sur leur passage, sa joie et sa piété. La foule se portait à leur rencontre, pour les saluer et les acclamer. Quand elles entraient dans une église, on sonnait les cloches, on jouait des orgues, on chantait des cantiques. Leur présence était regardée comme une bénédiction du Ciel.

Un jour pourtant, non loin de Burgos, l'enthousiasme de la population subit une éclipse. Le groupe entra, sur le soir, dans un village. Les autorités locales, qui n'avaient rien prévu pour le recevoir, jugèrent à propos de réquisitionner des vivres. La fierté castillane se révolta, et les villageois, froissés, résistèrent à la contrainte. L'alcade ne put pas même en obtenir un morceau de pain. Heureusement, l'ingéniosité française sauve la situation. Le valet de chambre de M. de Bérulle prend une besace, et va de porte en porte demander l'aumône, pour l'amour de Jésus-Christ. Son expédient réussit, et les provisions affluent. Les habitants donnent avec joie, par charité chrétienne, ce qu'ils avaient refusé de livrer, par ordre, à prix d'argent. La Providence reste toujours la grande pourvoyeuse de ceux qui renoncent à tout pour l'amour de Dieu. Toutefois, par prudence, les serviteurs emportèrent désormais des vivres avec eux.

A Burgos, les pèlerins allèrent vénérer un crucifix miraculeux célèbre dans la région. On leur fit la faveur de le découvrir, car il était toujours voilé. Cette peinture, vivante d'expression, donne la sensation de la douleur. Les cheveux du Christ tombent épars sur les épaules ; sur sa joue livide, le soufflet est accusé par l'empreinte des doigts du soldat. Le visage meurtri se contracte de souffrance. Le corps sanglant frémit sous les déchirures des fouets et des clous. Les genoux brisés saignent des chutes sur la voie du Calvaire. Devant ce tableau douloureux, les pieuses Carmélites furent émues jusqu'aux larmes, et ne le quittèrent qu'à regret. Mais ce souvenir de la Passion du Sauveur se grava dans leur âme, les réconforta pour le sacrifice, et les consola dans les fatigues et les peines du voyage.

En effet, au cours de leur longue route, la maladie vint souvent les visiter ; leur voiture fut renversée plusieurs fois ; les éléments semblèrent se déchaîner pour les perdre. Néanmoins, aucun accident n'eut des suites graves, car Dieu avait ordonné à ses anges de les préserver du danger. Voici quelques traits miraculeux de cette protection divine.

Au sommet d'une montagne, le chemin côtoyait un affreux précipice ; le coche des sœurs passe trop près du bord, glisse et tombe dans le vide. Heureusement, à quelques mètres, il s'accroche à un arbre, et demeure suspendu sur l'abîme. Chacun s'empresse au secours des religieuses. On entoure la voiture de cordes, on la tire avec précaution, et on la ramène intacte sur la route, avec son trésor. Pas de mal ; mais quelle émotion dans le cortège pendant ces instants tragiques !

Un autre jour, le neveu d'Anne de Saint-Barthélemy, qui accompagnait les religieuses, s'était approché de leur voiture, et s'entretenait par la portière avec sa tante. Sur un pont étroit, auquel il n'avait pas pris garde, les roues de la voiture l'écrasèrent contre le parapet et il roula sur le sol. Les voisins le crurent mort. Mais la sœur Anne, voyant le danger, lève les yeux au Ciel et pousse un *cri de fervente prière*. Elle est exaucée : le jeune homme se redresse et continue son voyage. Il en est quitte pour de légères douleurs à la poitrine, pendant deux jours.

En sortant de Tolosetta, le cortège devait passer sur un pont sans parapet, jeté au-dessus d'un abîme. Au moment où la voiture des Carmélites va le franchir, le cocher, qui a trop dégusté le vin clairet de Navarre, fait claquer son fouet sur les oreilles des mules. Celles-ci partent comme un trait et s'emballent. Bientôt les deux roues du côté gauche perdent terre et tournent dans le vide. Le lourd véhicule s'incline et va se jeter, au bout du pont, avec des craquements sinistres, dans le fossé de la route rempli d'épines. Une seconde plus tôt, tout roulait au fond du précipice. Mais en quel état doivent être les pauvres sœurs ! Les autres voyageurs accourent effrayés. Le cocher, subitement dégrisé par la catastrophe, s'enfuit à toutes jambes. On dégage péniblement les religieuses, l'une après l'autre. O miracle ! Toutes répondent à l'appel, et aucune n'offre trace de blessures. Seule, la sœur Anne de Saint Barthélemy, qui avait dû subir le choc de ses compagnes, porte des contusions sans gravité. Je lui ai demandé depuis, raconte la Mère Eléonore de Saint-Bernard, comment elle avait échappé. Elle me répondit que, quand le coche fut renversé, elle avait prié la Sainte Trinité de l'aider ; et qu'étant tombée la face sur les épines, elle se sentit protégée par des mains mytérieuses.

La Bienheureuse raconta aussi qu'au moment où le coche traversait le pont à une allure désordonnée, elle vit une bande de diablotins s'agripper aux roues et les tirer furieusement vers l'abîme ; mais, au même instant, une multitude d'anges avait mis en fuite les esprits malins, et maintenu l'équilibre de la voiture jusqu'à la sortie du pont.

Tous les voyageurs s'associèrent à ce cri d'admiration de M. de Brétigny : « Dieu garde son troupeau ! L'Enfer fait de vains efforts pour nous perdre ! »

A la frontière, on passa en barque la Bidassoa, qui sépare l'Espagne de la France. Dès qu'on mit le pied sur le sol français, M. Gauthier tomba à genoux et entonna le psaume *Laudate Dominum, omnes gentes*, que ses compagnons de route achevèrent avec entrain.

Les pèlerins n'étaient pas encore au bout de leurs malheurs. Aux environs de Bayonne, à la chute du jour, les voitures traversaient un petit bois, près de la mer. Tout à coup éclate un violent orage. Il fait si noir que les cochers refusent d'avancer, détellent les mules, et abandonnent les voitures en pleine route. La pluie tombe à flots. Le fracas de l'ouragan, le craquement des arbres, les mugissements de la mer en furie, glacent les cœurs d'épouvante. Et pas le moindre réduit pour s'abriter ! Aussi quelle triste nuit ! Les religieuses et les dames françaises la passent blotties dans un carrosse, les messieurs réfugiés dans l'autre, ou au pied des arbres, tout transis sous leurs manteaux ruisselants. Aussi, l'un des Pères Carmes, s'apitoyant sur le sort des Mères espagnoles, ne peut s'empêcher de dire avec une pointe d'humeur : « Ce n'est pas là amener des religieuses pour fonder, mais pour les faire périr ! » Grâce à Dieu, personne ne périt. Le lendemain, tous les voyageurs entrèrent sains et saufs à Bayonne, où ils se remirent des fatigues et des émotions de la nuit.

De Bayonne, la pieuse troupe gagna Bordeaux, d'où, après avoir changé d'équipages, on prit la route de Paris, par Poitiers et Orléans.

Entre Châtellerault et Amboise, le postillon des Carmélites roula de son siège, à une descente très rapide, et tomba si malencontreusement que

les chevaux et les roues lui passèrent sur le corps.
On pensait relever un cadavre. Pas du tout, le
cocher se redresse tout seul, se tâte, marche et ne
ressent pas le moindre mal.

Nous terminons par ce trait le récit de ce
voyage, où chaque pas fut marqué par l'assistance
divine. C'est Dieu lui-même qui conduisait les Carmélites à la France.

Aussi bien, les contemporains de ce grand événement en apprécièrent l'importance. Dans plusieurs
villes traversées par les religieuses, notamment à
Bordeaux, à Orléans, à Paris, les populations
accouraient sur leur passage, pleines de sympathie et de vénération. Et c'est, on peut le dire, aux
applaudissements de la France catholique que la
sainte colonie arriva à Paris, le 15 octobre 1604.

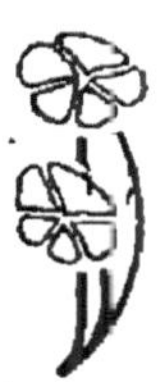

CHAPITRE SEIZIÈME

Arrivée des religieuses a Paris. — Elles sont introduites dans leur couvent. — Erection solennelle du monastère de l'Incarnation. — Les Supérieurs désignés par le Pape prennent la direction des Carmélites. — Visite de la reine Marie de Médicis. — Son amitié pour les Sœurs. — Accroissement de la Communauté. — Bonne entente des religieuses. — Conflit culinaire.

LES Carmélites arrivaient à Paris le 15 octobre, jour auquel l'Eglise devait, dix ans après, fixer la fête de sainte Térèse. C'était une attention délicate de la sainte Mère : son sourire bénissait le berceau de sa famille française, et son regard prophétique, du haut des cieux, en contemplait avec joie le splendide accroissement.

En traversant la ville, les Sœurs passèrent devant leur futur monastère ; mais elles n'y entrèrent pas, car les derniers préparatifs n'étaient pas achevés. Elles se contentèrent de le saluer du dehors, en remerciant Dieu de leur avoir préparé cet asile.

Sur le pont Notre-Dame, vinrent à leur rencontre, dans un défilé magnifique, les principaux promoteurs de l'œuvre Térésienne, et, à leur tête, l'abbé de Bérulle, qui avait devancé les religieuses à Paris. On se salua respectueusement, et le cortège continua sa marche jusqu'à Saint-Denis.

Là, toute la compagnie mit pied à terre, et on s'adressa des félicitations réciproques. La joie débordait de tous les cœurs. Les religieuses espagnoles, ravies d'avoir atteint le nouveau champ de leur zèle, étaient charmées de la sympathie qui les accueillait. Les généreux amis, qui s'étaient tant dépensés pour l'établissement du Carmel en France, se réjouissaient du succès de leur entreprise. Tous rendaient gloire au Ciel, qui avait opéré ces merveilles.

Le lendemain, les Carmélites allèrent prier à l'abbaye de Montmartre, sur le tombeau des premiers apôtres de la Gaule. M. l'abbé de Brétigny célébra la sainte Messe, dans la chapelle des Martyrs, et remercia Dieu avec effusion de l'accomplissement d'une œuvre pour laquelle il avait travaillé, prié et souffert pendant plus de vingt-deux ans.

Enfin, le 17 octobre 1604, la princesse de Longueville, en qualité de fondatrice, introduisit les Carmélites dans leur monastère de Notre-Dame-des Champs. En y pénétrant, la Mère Anne de Jésus entonna, selon l'usage, le psaume *Laudate Dominum, omnes gentes*, qui fut achevé avec une touchante dévotion. L'entrée des Sœurs fut fort solennelle, grâce à un immense concours de peuple, où l'on remarquait beaucoup de personnes de distinction. On n'entendait que cris de joie et acclamations. Chacun rendait grâces au Seigneur du trésor qu'il donnait à la capitale, et manifestait l'espérance que cette fondation concourrait au progrès de la Religion.

Dès que les religieuses eurent franchi le seuil de leur demeure, la sœur Anne de Saint-Barthélemy se rendit à la cuisine, et s'occupa des devoirs de sa charge. Pendant que les autres sœurs se livraient à des exercices religieux ou à d'édifiantes causeries, l'humble converse préparait le repas de la communauté, dans la solitude et le recueillement. Elle ne se croyait bonne que pour ces vulgaires fonctions, et savourait une fois de plus, dans son union intime avec Jésus, le bonheur des âmes simples et pures. Mais les circonstances ne tarderont pas à modifier sa situation, et à placer sur le chandelier cette lumière qui s'obstinait à se cacher sous le boisseau.

Le monastère de Paris n'était pas encore érigé. Le Maître n'en avait pas pris possession ; et les épouses du Christ ne se considèrent comme chez elles que lorsque leur divin Epoux est entré dans la maison. L'érection solennelle eut lieu le 18 octobre, en la fête de saint Luc. Le cardinal de Gondy, archevêque de Paris, délégua son aumônier pour poser le Saint-Sacrement. L'aumônier célébra la sainte Messe dans la chapelle, devant une assistance aussi nombreuse que distinguée, communia les religieuses, et les bénit au nom de l'archevêque. Le monastère fut érigé sous le vocable de l'Incarnation.

Après les prières liturgiques, la duchesse de Longueville et Mme Acarie installèrent les Carmélites, et la clôture fut établie. Mais, le couvent n'étant pas complètement aménagé, elles habitèrent provisoirement une dépendance de la maison.

L'occupation définitive des grands bâtiments eut lieu dix mois après, le 24 août 1605, fête de saint Barthélemy.

Les trois vénérables Supérieurs, MM. de Bérulle, Gallemant et du Val, désignés par le Souverain Pontife, prirent la direction des Carmélites françaises. La Révérende Mère Anne de Jésus, nommée Prieure, se mit à la tête du nouvel établissement. Mais, comme elle n'entendait pas le français, elle dut s'en rapporter, pour l'examen des postulantes et l'admission des novices, à la sagesse et à la piété des éminents Supérieurs.

Trois jours après cette installation solennelle, la reine de France, Marie de Médicis, accompagnée des princesses, vint en grand cortège honorer de sa visite le nouveau monastère. La reine dit aux religieuses que le roi était très heureux de leur arrivée, et recommanda à leurs prières la famille royale et le royaume de France. Elle leur fit de généreuses largesses, et les assura de sa bienveillante protection. Elle voulut voir aussi M. de Brétigny, l'apôtre du Carmel, qui lui fut présenté par le cardinal de Bérulle. La reine les félicita tous les deux de leur constance inlassable, qui valait à la France un don si précieux.

Dès ce jour, la reine devint une amie dévouée des Carmélites, dont elle apprécia le mérite et l'esprit surnaturel. Dans sa piété, elle quittait souvent les splendeurs du Louvre et allait s'édifier à leur monastère. Elle menait volontiers, devant les grilles du Carmel, les princesses et les dames de la cour, pour leur apprendre à mépriser les vanités du monde. Et l'exemple fut salutaire, puisque plusieurs de ses filles d'honneur échangèrent les parures du siècle contre le voile des filles de sainte Térèse.

Marie de Médicis conserva toujours d'excellentes relations avec les Carmélites, même après son départ de France. Elle fut guérie miraculeusement de la fièvre, à Gand, en 1633, par l'intercession de la Bienheureuse Anne de Saint-Barthélemy, qu'elle vénérait profondément depuis qu'elle l'avait connue à Paris. Cette guérison subite fut, comme nous le dirons plus tard, l'un des deux miracles qui valurent à la sœur Anne les honneurs de la Béatification.

Le monastère de l'Incarnation se développa rapidement, par l'entrée de nouvelles religieuses choisies parmi les bienfaitrices du Carmel, ou dans la congrégation de Sainte-Geneviève, dirigée par Mme Acarie.

L'une des trois premières, admises le jour de la Toussaint, fut Mme Jourdain, cette pieuse veuve qui avait fait le voyage d'Espagne. Elle prit le nom de sœur Louise de Jésus. Les trois novices reçurent l'habit des mains du Révérend Père Provincial de Catalogne, l'un des deux Pères Carmes qui avaient accompagné les Mères jusqu'à Paris. Après la cérémonie, les deux religieux saluèrent une dernière fois leurs Sœurs, les confièrent à la direction des trois Supérieurs français, et s'en retournèrent en Espagne.

Les prises d'habit continuèrent au monastère de Paris, et les vocations affluèrent si nombreuses qu'en moins de deux ans, on comptait, dans les différentes fondations, plus de soixante Carmélites françaises.

L'union était parfaite entre les Sœurs espagnoles

et les Sœurs françaises, malgré les différences de langage et de coutumes. Les repas surtout fournissaient aux ferventes néophytes l'occasion de pratiquer la mortification. La cuisine espagnole de la sœur Anne de Saint-Barthélemy n'était que médiocrement savoureuse. Cependant, si elle n'était pas toujours très appétissante, elle était du moins très salutaire, grâce aux bénédictions répandues par la sainte converse sur tout ce qu'elle touchait.

Au reste, la cuisinière espagnole s'accommoda peu à peu aux goûts français, pour la préparation de la maigre pitance des Carmélites.

Un jour pourtant, à l'occasion d'une grande fête, la Sœur Anne se mit en frais, pour régaler la communauté. Elle assaisonna de la morue avec des pruneaux, et l'agrémenta de force épices. Les mères espagnoles trouvèrent le mets délicieux. Mais les novices françaises, dès la première bouchée, furent rebutées et ne purent surmonter leur répugnance. La Mère Anne de Jésus leur dit, sur un ton légèrement piqué : « Il faut bien, mes Sœurs, que nous mangions tous les jours à votre mode, et vous ne pourriez vous accommoder une seule fois à la nôtre ? »

La Mère Prieure estimait qu'une Carmélite doit, au réfectoire, accepter de bonne grâce ce qui lui est offert, et manger de tout, sans manifester jamais la moindre répugnance.

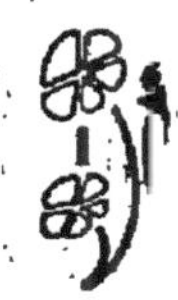

CHAPITRE DIX-SEPTIÈME

Dieu exalte les humbles. — Les Supérieurs proposent le voile noir a la sœur Anne de Saint-Barthélemy. — Son refus. — La Prieure est de son avis. — Le Père Coton propose une neuvaine. — Perplexités de la Sœur Anne. — Faveurs célestes. — Le Père Coton lui demande d'obéir. — Elle devient sœur de chœur. — Notre-Seigneur la console.

Dieu exalte les humbles, chantait la Vierge Marie dans son *Magnificat*. Cette parole se vérifia dans la personne de la sœur Anne de Saint-Barthélemy. Elle, qui désirait passer toujours inaperçue, devra monter au premier rang. Elle, qui ne se croyait apte qu'à la cuisine et aux occupations vulgaires, va gouverner les maisons de son Ordre. Elle, qui arguait toujours de son ignorance, brillera désormais parmi les lumières du Carmel, en attendant de devenir un astre radieux dans le ciel des élus.

Pendant le voyage d'Espagne, MM. de Bérulle et de Bérigny avaient deviné, par une surnaturelle intuition, les trésors de grâces et de vertus cachés sous les modestes dehors de la Sœur Anne. Aussi, avaient-ils décidé d'en faire une des colonnes de l'œuvre Térésienne en France. Dès que les religieuses furent installées à Paris, ils songèrent à réaliser leur projet. Le premier pas consistait à lui imposer le voile noir, car on ne pouvait élever une sœur converse à la dignité de prieure et de fondatrice.

Les Supérieurs ouvrirent leurs sentiments à la Sœur Anne. Son humilité s'alarma, et lui inspira les plus vives protestations. Elle objecte d'abord qu'elle ne peut accepter, à Paris, de ses nouveaux directeurs, un honneur qu'elle a refusé des mains de sainte Térèse, au monastère d'Avila. On se rappelle, en effet, que la Sainte Mère n'avait pu décider sa fidèle compagne à prendre le voile noir. Elle lui avait même dit alors ces paroles prophétiques : « Le temps viendra où vous prendrez le voile noir ; alors, vous regretterez de n'avoir pas fait ce que vous me refusez aujourd'hui, et qui m'aurait donné tant de consolations. » L'humble converse ne croit pas pouvoir revenir sur un refus jadis agréé par la Sainte. Mais elle se garde bien de divulguer la prophétie de Térèse, qu'elle regarde seulement comme un témoignage d'affectueux regret.

A cette raison, elle ajoute celle de son indignité et de son inaptitude. Et, sur ce chapitre, elle est intarissable. Elle se déclare indigne d'être la servante des autres, même dans les plus vulgaires fonctions ; comment pourrait-elle prendre rang parmi les sœurs de chœur, qui ont la sublime mission de chanter les louanges du Très-Haut ? D'ailleurs, son ignorance ne lui permettrait pas de réciter le Saint Office et les prières liturgiques.

A toutes ces objections, les Supérieurs oppo-

saient la volonté de Dieu et les grâces de l'obéissance. Mais, ici, nouvelle difficulté. Sur cette question délicate, la Mère Prieure et les compagnes de
la Sœur Anne, sauf une, pensaient comme elle. La
Prieure, en approuvant le refus de la converse, entretenait et légitimait sa résistance.

Certes, la vénérable Anne de Jésus apprécie la
sœur Anne de Saint-Barthélemy : la confiance et
la prédilection dont l'avait honorée sainte Térèse
lui prouvent son mérite et la lui rendent bien chère.
Son obéissance absolue, sa charité toujours agis-
sante, son humilité héroïque et sa piété ardente
en font le modèle de la parfaite religieuse. Malgré
cela, la Prieure croit devoir s'opposer à l'élévation
de la converse. Son excessive simplicité, dit-elle, et
sa défiance de soi-même la rendent impropre au
gouvernement ; ses dehors peu attirants atténue-
raient la confiance et pourraient être un obstacle
au bien ; enfin, l'élévation d'une sœur converse au
rang de sœur de chœur serait, dans l'Ordre, une
imprudente nouveauté, capable d'éveiller certaines
velléités d'ambition.

La trop prudente Mère, quand elle exposait son
opinion en toute franchise, ne se doutait pas des
faveurs que Dieu réservait à la Bienheureuse.
Qu'aurait-elle dit si, le voile de l'avenir tombant
devant ses yeux, elle avait pu contempler les prodiges accomplis par la Sœur Anne à Paris, à Pontoise, à Tours, à Anvers ? Or, la Mère prieure, non
seulement ne pénétrait pas l'avenir, mais encore
elle connaissait bien peu les merveilles du passé de
sa chère fille. En effet, Anne de Saint-Barthélemy
n'avait révélé complètement ses relations intimes
avec le Ciel qu'à la Sainte Mère Térèse ; et elle ne

devait manifester l'ensemble de sa vie surnaturelle que longtemps après, en écrivant, sur l'ordre de ses supérieurs, son autobiographie. Quant à dévoiler des détails propres à la grandir aux yeux de sa Prieure, on ne pouvait pas demander ce sacrifice à l'extrême modestie de la sœur Anne.

Mais, si la sagesse des hommes est toujours courte par quelque endroit, le Ciel a des moyens d'arriver à ses fins. L'intermédiaire dont se servit la Providence fut un savant et pieux jésuite, le Révérend Père Coton. Il jouissait alors en France, et surtout à Paris, d'une grande réputation d'éloquence et de sainteté. Ses discours convertissaient d'innombrables hérétiques, et le roi Henri IV allait le choisir pour son confesseur.

Les Supérieurs des Carmélites, connaissant la haute estime de la Sœur Anne pour ce religieux, le prièrent d'intervenir pour changer sa résolution. La sœur lui oppose les motifs de son refus : son insuffisance, sa vocation pour un état obscur, la sûreté de son salut dans la vie de sœur du voile blanc et les dangers qu'elle craint d'un changement de situation. Le Père Coton, habile à discerner les esprits, admire la candeur de cette âme, et la vertu qu'abrite sa modestie de bon aloi. La franche conscience qu'elle a de son indignité, est pour lui un nouveau titre à son élévation. Toutefois, avec une sainte prudence, il décide de consulter le Ciel. Il promet de célébrer une neuvaine de prières, avec les Pères de sa maison, et invite Sœur Anne à prier, elle aussi, afin que Dieu manifeste sa volonté.

S'en rapporter à Dieu, fut toujours l'unique préoccupation de l'humble sœur. Aussi, accepte-t-elle avec empressement la proposition du saint religieux. Elle s'absorbe dans l'oraison, avec une ardeur qu'avive le désir de voir terminer ses perplexités. Pendant cette fervente neuvaine, son âme est agitée par une horrible tempête. Des sentiments contraires se heurtent dans son cœur désemparé : elle ne recule pas devant le sacrifice et consent à boire le calice d'amertume ; mais elle craint, en acceptant inconsidérément de nouvelles charges, de tenter Dieu, de trop présumer de ses forces, et de s'effondrer ensuite dans son néant.

En ces heures de trouble, une pensée vint calmer son anxiété ; c'était le souvenir d'une vision qu'elle avait eue en Espagne. Sainte Térèse et la Mère Marie de Saint-Jérôme lui étaient apparues dans la gloire. Pendant qu'elle les considérait avec ravissement, elle s'aperçut qu'elle portait le voile noir. Surprise, elle demanda à sainte Térèse si elle devait l'ôter : « Non, lui répondit-elle, gardez-le toute votre vie ». Et la Sainte la considérait avec une tendre tristesse, présage des nombreuses amertumes qui l'attendaient sous ce voile. Alors la Mère Marie de Saint-Jérôme lui avait présenté un breuvage mystique, dont la vertu céleste la réconforta. La mémoire de cet événement rassura la Sœur Anne, en lui rappelant le désir de sa Sainte Mère et les encouragements du Ciel.

Pendant ces jours de crise, sainte Térèse et Notre Seigneur lui-même lui apparurent plusieurs fois, pour la consoler et l'engager à suivre la voie que la Providence ouvrait devant elle.

La neuvaine achevée, le Père Coton vient au monastère s'informer des résolutions de la Sœur Anne. La servante de Dieu, pour ne pas influencer la décision de son directeur, garde le secret sur ses communications célestes, et ne lui révèle que ses peines et ses anxiétés. Mais le bon religieux a découvert, dans la prière, la volonté divine. Il explique nettement sa pensée à la Bienheureuse et lui demande, de la part de Dieu, de surmonter ses répugnances et d'obéir à ses Supérieurs.

Devant cet ordre formel, qui est d'ailleurs l'écho des voix qui ont parlé à son âme, la Sœur Anne s'incline avec respect et donne son consentement. Heureux de cet acquiescement si désiré, les Supérieurs n'eurent garde de différer la cérémonie. Le 1er janvier 1605, fête de la Circoncision de Notre-Seigneur, la sœur Anne de Saint-Barthélemy fut solennellement revêtue du voile noir, et prit rang parmi les sœurs de chœur. Ce fut un jour de joie pour la Communauté. Mais la pauvre sœur, pénétrée du sentiment de sa misère et de son indignité, ne pouvait retenir ses larmes. Le Seigneur voulut bien la consoler. Pendant que la lectrice du réfectoire lisait ce verset du psalmiste : « *Dixit Dominus Domino meo : sede a dextris meis* ; le Seigneur a dit à mon Seigneur : Asseyez-vous à ma droite », le bon Maître lui donna l'impression qu'il était assis à côté d'elle. La présence de son divin Epoux la combla d'une joie suave qui, à l'instant, dissipa toutes ses craintes et lui permit de s'associer à l'allégresse générale.

CHAPITRE DIX-HUITIÈME

Anne de Saint-Barthélemy fonde le Carmel de
Pontoise. — Entrée triomphale des reli-
gieuses. — Confusion de la Mère Anne. —
Premières novices. — Le parfum de sainte
Térèse. — Miracle des langues. — Le premier
Chapitre. — Faveurs particulières. — Heu-
reux priorat de la Mère Anne. — Sa réputa-
tion au dehors. — Elle est nommée Prieure a
Paris. — Son départ clandestin.

Ordinairement la Providence prépare, pendant
longtemps, les âmes dont elle veut faire les
instruments de sa miséricorde. Mais, quand sonne
l'heure de l'action, elle précipite les événements.
Elle agit ainsi pour la Sœur Anne. Après avoir
miraculeusement protégé sa jeunesse, après avoir
enrichi son âme de faveurs insignes, durant trente-
cinq années de cloître, elle va maintenant opérer
de grandes œuvres par son intermédiaire.

Les Supérieurs français avaient donné le voile
noir à la sœur Anne de Saint-Barthélemy, pour
en faire une prieure et une fondatrice. Aussi, quatorze jours après la cérémonie, trouvons-nous la
Bienheureuse sur le chemin de Pontoise, où elle va

ouvrir un nouveau Carmel. Elle est accompagnée de la Vénérable Mère Anne de Jésus, Prieure de Paris, qui doit l'installer, de deux autres sœurs espagnoles et de trois novices françaises, qui formeront le noyau du futur monastère.

Parties de la capitale le 14 janvier, dans les équipages de la princesse de Longueville, elles arrivent le lendemain, à 4 heures du soir. La chrétienne ville de Pontoise attendait avec impatience les filles de sainte Térèse. Les habitants leur font une réception magnifique. Les magistrats et les bourgeois de la cité s'avancent jusqu'à l'abbaye de Maubuisson, pour les saluer et les complimenter. A l'entrée de la ville, le Clergé et le peuple les reçoivent en procession. Le concours est si grand qu'on peut à peine passer dans les rues. Les religieuses, obligées de descendre de carrosse avant d'arriver au couvent, sont conduites en triomphe, au milieu des chants d'allégresse et des acclamations de la foule. A la chapelle, le grand vicaire de Pontoise, M. de Rancé, les salue au nom de l'archevêque de Rouen, le cardinal de Bourbon, et leur dit éloquemment sa joie et celle de tous les fidèles. La cérémonie se termine par la bénédiction des Carmélites et du monastère.

Le jour suivant, 16 janvier 1605, le Saint-Sacrement est posé au tabernacle, la messe chantée devant une très nombreuse assistance, et la clôture définitivement établie. Ainsi fut érigé le Carmel de Pontoise, le second de l'Ordre en France, sous le nom de monastère de Saint-Joseph.

Mais comment se comportait la nouvelle Prieure devant ces ovations qui accueillaient les carmélites ? Ecoutons-la nous dire elle-même, dans son

Autobiographie, les pensées qui occupaient son âme : « On ne pouvait s'empêcher, écrit-elle, de
» louer Dieu en voyant la dévotion avec laquelle
» le peuple recevait cette fondation. Mais, à l'idée
» que c'était moi qui allais être à la tête du monas-
» tère, tout contribuait à augmenter mon affliction.
» Je me sentais comme une condamnée à mort, et
» si mortifiée que la charge semblait être pour moi
» une infamie. Je ne m'étais jamais trouvée en
» une circonstance qui m'eût causé tant d'affic-
» tion au corps et à l'âme, car je me voyais alors
» comme un ver de terre. Et, en vérité, je ne suis
» pas autre chose, mais je ne l'avais jamais si
» clairement compris qu'en cette occasion. »

Quelle profondeur d'humilité ! Cette haute vertu n'est-elle pas l'aube annonçant l'auréole de sainteté qui nimbera bientôt, aux yeux des religieuses et de la population, ce front si modestement incliné devant Dieu ?

Dès les premiers jours, la Mère Anne de Saint-Barthélemy, d'accord avec les Supérieurs, voulut accroître la communauté naissante. Elle admit au noviciat quatre jeunes filles, des plus honorables familles de la ville et d'une vocation éprouvée. La première nuit qu'elles passèrent au couvent, elles respirèrent, dans leurs cellules, un parfum suave, qui les embaumait. Le lendemain, elles manifestent leur surprise à la Mère Prieure. Celle-ci leur révèle que c'est le parfum de sainte Térèse : elle est venue les visiter et leur donner sa bénédiction. On sait, en effet, que la Sœur Anne, depuis la mort de la Fondatrice, percevait souvent cette odeur céleste qui lui signalait la présence de la Sainte. Ce miracle, qui d'ailleurs se renouvellera dans la suite, inspira aux jeunes novices beaucoup de ferveur et les fortifia dans leur résolution.

Une grâce extraordinaire vint impressionner vivement les Carmélites de Pontoise. La Prieure ignorait complètement le français, comme les novices ignoraient l'espagnol. Dieu refit, en leur faveur, le miracle des langues du jour de la Pentecôte. La Mère Anne, en parlant l'espagnol, se faisait parfaitement comprendre des religieuses françaises. Le fait était d'autant plus étrange, qu'il se produisait seulement quand il s'agissait de la conduite de la maison ou de la direction spirituelle des Sœurs. En dehors de là, il leur fallait recourir aux signes, qui sont les seuls moyens de converser entre personnes parlant un langage différent.

Ce privilège reçut un relief spécial lors de la tenue du premier Chapitre, c'est-à-dire de la première réunion solennelle de la Communauté, sous la présidence de la Prieure. Celle-ci voyait arriver avec terreur ce moment redouté, où elle devrait adresser une longue allocution à ses chères filles et s'entretenir avec elles.

Le matin de ce jour, elle entend la messe avec plus de dévotion. Après avoir communié, elle expose humblement son embarras au divin Maître, et le supplie de diriger lui-même son esprit et sa langue. Bientôt, une voix intérieure lui répond : « Regarde la Règle, tu y trouveras les forces dont tu as besoin. » Encouragée par cette parole, elle se rend au Chapitre, et fait à ses Sœurs une conférence riche d'idées élevées et pleine d'onction communicative. A la fin, la communauté éclate en sanglots. La Prieure, dans sa modestie, croit que ses filles pleurent parce qu'elles n'ont pas compris son langage, et elle les interroge : « Mais non ! répondent-elles ; nous avons entendu parfaitement les belles choses que vous venez de nous dire ; nous n'avons pas perdu un mot de votre émouvant discours. » La pieuse Mère joint alors ses larmes de reconnaissance aux larmes d'attendrissement de ses religieuses, et la réunion se termine par une fervente action de grâces.

Les quelques exhortations qui nous sont restées de la Fille très aimée de sainte Térèse, peuvent nous faire comprendre les sentiments qu'elles devaient inspirer. Parlant un jour de la douceur de Notre-Seigneur, elle s'exprimait ainsi :

« Il me revient souvent à l'esprit ce que saint Pierre et les autres Apôtres ou Evangélistes ont dit maintes fois de la mansuétude de Jésus-Christ. Ce divin Sauveur est nommé par eux un doux Agneau, un Agneau de mansuétude et de charité ; il est dit plein de grâce, de douceur, de bénignité, de miséricorde. Ils ne l'appellent point sage, encore que toute la sagesse de Dieu résidât en lui ; ni courageux, quoiqu'il fut le fort par excellence ; ni guerrier, bien qu'il fut le vainqueur du démon ; mais ils l'appellent l'Agneau plein de douceur qui, par la seule mansuétude, est demeuré victorieux. Arrêtons souvent les yeux sur ce divin modèle. Portons l'Agneau divin en nos cœurs, contemplons chacune de ses actions et voyons comment, pour nous ôter tout sujet d'excuse, l'Eglise nous le présente, chaque jour, sous ces traits pleins de douceur, lorsqu'à la Messe, le Prêtre dit trois fois : Voici l'Agneau de Dieu. Très chères Sœurs, imitons ce très doux Agneau, et que notre plus agréable récréation soit de nous entretenir de lui, comme notre plus grande joie de le conserver sans cesse en nos cœurs. »

Malgré tout, la Mère Anne de Saint-Barthélemy, s'estimant au-dessous de sa tâche, se sentait accablée par ses nouvelles fonctions. Le sentiment de son indignité lui arrachait des pleurs ; mais elle les dévorait en secret, pour ne pas attrister ses chères enfants, qui l'entouraient de leur respectueuse tendresse. C'est à Dieu seul qu'elle demandait le réconfort dans ses abattements, et le Ciel relevait son courage.

Ayant appris la mort d'une carmélite espagnole, qui avait édifié l'Ordre par ses œuvres, la Mère Anne ne peut s'empêcher d'envier la belle récompense dont elle doit jouir en paradis. Notre-Seigneur lui révèle aussitôt qu'une grande activité au dehors n'est pas plus méritoire, à ses yeux, que le renoncement à soi-même, à ses passions, à sa volonté. La Bienheureuse comprend mieux, à cette lumière céleste, que le champ fécond de nos mérites c'est notre âme, d'où il faut extirper le mal pour y enraciner le bien.

Un jour, dans sa méditation, elle reprochait familièrement au divin Maître de l'avoir revêtue d'honneur, elle pauvre créature, misérable fétu de paille ballotté par le vent. — « J'allume le feu avec la paille », lui répond aimablement Jésus. Et l'humble Prieure peut redire, après la Vierge Marie : C'est la toute puissance du Seigneur qui a élevé ma misère à cette dignité ; que son saint nom soit béni !

Dans une autre circonstance, où elle était particulièrement découragée, elle osait se plaindre au Seigneur d'être abandonnée et laissée trop seule. —

« Je suis là ! lui souffla Notre-Seigneur, et je te garde comme la prunelle de mes yeux. » Que pouvait-elle craindre après cette assurance divine ?

Dieu lui apprenait aussi à se résigner dans les conjonctures douloureuses. La première novice du couvent de Paris étant tombée gravement malade, la perspective de sa mort consterna le monastère. On avait fondé sur elle de si hautes espérances qu'on essaya de faire violence au Ciel pour obtenir sa guérison. Les Supérieurs chargèrent spécialement la Mère Anne de demander cette faveur. Un jour, qu'elle priait de tout son cœur à cette intention, Jésus lui dit intérieurement : « Avez-vous une autre volonté que la mienne ? » Anne comprit que Dieu voulait appeler à lui cette belle âme. Elle cessa ses prières et la novice mourut.

La Bienheureuse éprouvait une grande difficulté pour psalmodier l'office divin, car elle ne pratiquait cet exercice que depuis sa récente élévation au rang de sœur de chœur. Or, elle devait, en qualité de Prieure, présider au chœur. Elle était, il est vrai, soulagée dans cette charge par le concours des deux sœurs espagnoles qui l'avaient accompagnée à Pontoise, et qui se faisaient un bonheur de la suppléer. Mais son insuffisance lui pesait, et elle s'adonnait à un labeur inlassable, labeur qu'elle continuera toute sa vie, pour préparer la lecture du bréviaire et la prononciation du latin. Un soir, pendant la récitation des Mâtines, elle avait un sentiment plus profond de son incapacité, de son ignorance et de son néant. Notre-Seigneur la relève par ces paroles encourageantes : « C'est ainsi que je te veux, sans prétention et sans savoir, pour opérer mon œuvre ; car les sages du monde ne m'écoutent pas, croyant qu'ils savent tout. »

Le priorat d'Anne de Saint-Barthélemy, rehaussé par ses vertus, enrichi de faveurs célestes, devait abonder en fruits surnaturels. Les novices arrivent si nombreuses et si bien disposées, qu'en moins d'une année, elle a la consolation d'en admettre quatorze à la prise d'habit. Les sœurs rivalisent de zèle et montent rapidement vers les sommets de la perfection. Le monastère de Saint-Joseph est un paradis sur terre, où les religieuses goûtent d'ineffables délices, au milieu des salutaires austérités du cloître. Sous l'action de la sainte Prieure, tous les cœurs sont embrasés de charité, ardents pour la gloire de Dieu, assoiffés du salut des âmes. La Mère est si satisfaite de ses novices qu'elle les compare à des Anges, et affirme que « Notre-Seigneur les porte en ses mains ».

Le rare mérite de la supérieure du Carmel franchit bientôt les murs du cloître, suscitant la vénération publique. On exalte partout la sagesse de sa direction, la sainteté de sa vie, et surtout l'héroïque humilité de sa conduite. Chacun veut profiter de son crédit auprès de Dieu ; de toutes parts, on se recommande à ses prières. Le Ciel bénit cette confiance, et l'intercession de la Mère Anne fait des prodiges. Elle guérit des malades, convertit des pécheurs, conjure des fléaux, et obtient de nombreuses grâces. Sa charité fait pleuvoir autour d'elle les bénédictions divines. Mais, ni les bienfaits répandus, ni l'estime dont on l'entoure n'altèrent en rien sa modestie et son idéale simplicité. Elle décline la louange et rapporte tout à Dieu.

Toutefois la ville de Pontoise ne devait pas posséder longtemps un pareil trésor. La Prieure de Paris ayant été envoyée à Dijon pour y fonder un monastère, les Supérieurs des Carmélites résolurent de confier à la Mère Anne la direction du couvent de l'Incarnation. Cette nouvelle atterra la Bienheureuse. Après les anxiétés du début, elle commençait à goûter la paix dans sa retraite de Pontoise. La ferveur de sa communauté la remplissait de consolation. La tranquillité qui l'entourait ramenait le calme dans son âme, et cicatrisait peu à peu la blessure faite à son humilité par son élévation aux charges de l'Ordre. Que deviendrait-elle à la tête du premier couvent de Paris, au milieu de l'agitation de la capitale, en relation fréquente avec les personnages les plus distingués de la cour et de la ville ? Elle ne peut se faire à cette éventualité. Elle a beau vouloir se sacrifier par obéissance, sa timidité et sa confusion l'emportent, et elle se plaint doucement à Dieu de cette croix trop lourde. Peu à peu, cependant, sa volonté se ressaisit, et ses alarmes se dissipent. Le sentiment du devoir lui représente sa faiblesse comme une lâcheté. Le désir de l'immolation achève la victoire, et la Mère Anne, aux pieds de son crucifix, soupire avec componction : Seigneur, faites de moi tout ce qu'il vous plaira.

Le Sauveur attendait ce généreux *fiat* pour lui apporter ses encouragements. Il lui apparaît dans son humanité resplendissante de lumière, et il lui dit avec bonté : « Ceux qui font les œuvres de Dieu doivent les accomplir dans les honneurs comme dans les opprobres ». Puis, Jésus révèle expressément à la Bienheureuse sa prochaine translation de Pontoise à Paris, et lui promet de l'assister dans ses nouveaux labeurs. Cette communication fut le coup de grâce pour la Bienheureuse Mère ; elle attendit désormais, avec résignation, l'heure de la Providence. Mais elle se garda bien d'annoncer son départ, de peur de contrister ses religieuses.

C'était une grave affaire que d'enlever la Prieure de Pontoise à l'affection de ses sœurs et à la vénération de la ville. Arrivée depuis huit mois seulement, elle avait, nous l'avons dit, acquis un tel prestige par ses vertus, que personne n'aurait consenti à la perdre. Pour éviter la difficulté, il était prudent de cacher sa sortie. C'est ce que firent les Supérieurs.

Voici, d'après la relation de la Mère Anne, comment s'opéra ce départ clandestin : « Un des » Supérieurs, dit-elle, vint me chercher à minuit, » avec un de mes neveux qui étudiait à Paris. Il » ordonna le secret aux religieuses, *par obéissance.* » Afin de me rendre méconnaissable, ils me mi» rent, à la place de notre manteau blanc, celui » de mon neveu, et me couvrirent de son chapeau. » Au moyen de cet accoutrement, je sortis de la » ville sans être reconnue. »

C'était la nuit du 5 octobre 1605. Le lendemain, la triste nouvelle fut annoncée à toute la communauté, au moment où elle se rendait au chœur pour entendre la sainte messe. Les Sœurs exprimèrent par d'abondantes larmes leur peine et leurs regrets. Dans la ville, le bruit du départ se répandit avec rapidité, semant une affliction générale. Plusieurs habitants avouèrent avec franchise que, s'ils en avaient connu l'heure, ils s'y seraient opposés par la force.

CHAPITRE DIX-NEUVIÈME

Priorat de la Mère Anne au Carmel de Paris. — Direction des novices. — Sa bonté obtient les meilleurs résultats. — Sa première professe. — Elle apprend, par révélation, la mort prochaine d'une jeune sœur. — Elle prophétise qu'une seule religieuse espagnole restera en France. — Sa difficulté dans la récitation du Bréviaire. — Le Saint-Sacrement, centre de sa vie. — Une faveur prolongée.

Autant le départ de la Mère Anne de Saint-Barthélemy avait attristé le couvent de Pontoise, autant son arrivée réjouit le monastère de Paris. Les religieuses se soumirent avec délices à la direction de leur nouvelle Prieure. Elles se rappelaient les vertus dont elle leur avait donné l'exemple comme converse, et l'humilité avec laquelle elle avait accepté le voile noir et son élévation aux dignités. On se souvenait de cette belle parole inspirée à une compagne par la modestie de la sœur Anne : « Ne sommes-nous pas bien heureuses d'être dans un Ordre, où les religieuses qu'on fait Prieures pleurent à chaudes larmes ? » Aussi, dès son arrivée, toutes les novices la supplièrent instamment de vouloir bien présider elle-même à leur formation religieuse. La tâche était délicate. Les âmes à mouler à la vie monastique étaient nombreuses et douées pour la plupart de qualités éminentes. Il fallait beaucoup de tact et de sagesse pour les orienter vers les cimes du Carmel. La Mère ne refusa pas ce labeur. Elle voulut bien ajouter à ses occupations de Supérieure les fonctions absorbantes de maîtresse des novices.

La Bienheureuse employa, pour conduire les âmes à Dieu, la voie de la douceur et de la bonté. Notre-Seigneur, aimait-elle à répéter, nous a tracé cette voie en traitant ses disciples comme des amis. Elle suit donc résolument la méthode du divin Maître. Elle gagne ainsi la confiance absolue de ses chères filles, et fait épanouir dans leurs âmes la candeur, la simplicité, la franchise, l'obéissance. La piété s'insinue doucement dans le calme de leurs consciences ; leur volonté droite s'attache naturellement au bien ; leur cœur pur se délecte dans le sacrifice. La rosée de la grâce, attirée par la prière, fait ouvrir, au soleil de la charité, ces belles fleurs du cloître, dont l'éclat réjouit les yeux du divin Jardinier.

La Mère Anne goûte des consolations ineffables à former pour Dieu ses excellentes novices. Leurs vertus précoces la récompensent largement de sa sollicitude. Elle se plaît à penser que leurs œuvres enrichiront, un jour, de gloire et de mérites, l'Ordre du Carmel. Le Ciel bénit si abondamment son fructueux ministère qu'elle reçoit, en moins de trois ans, les vœux de vingt-neuf professes. Elle les prépare à leur consécration par une retraite, où elle les instruit de l'excellence et de l'étendue de

leurs engagements. Puis, l'heure venue, avec une
sainte allégresse, elle offre au divin Maître ces tendres Epouses qui lui disent, débordantes d'amour :
Nous voici, Seigneur, que désirez-vous que nous
fassions pour vous plaire ?

La première novice que la Bienheureuse eut la
joie d'admettre à la profession, fut la sœur Madeleine de Saint-Joseph, née de Fontaines, qui devait
devenir l'une des gloires de l'Ordre. Elle succéda à
la Mère Anne de St-Barthélemy, et fut la première
Prieure française du monastère de Paris, berceau
des Carmels de France. Elle le dirigea pendant fort
longtemps et lui imprima un merveilleux essor.

Hélas ! la Mère Anne de Saint-Barthélemy eut
bientôt la douleur de voir partir prématurément
pour le ciel l'une de ses religieuses les plus dis-
tinguées, dont la mort fit un vide cruel. C'était la
sœur Angélique de la Trinité. Fille unique du
célèbre maréchal de Brissac, elle s'était sentie,
dès ses plus jeunes années, attirée par Dieu à la
vie religieuse. Lorsque les Carmélites s'établirent
à Paris, sa vocation se précisa et la pressa d'entrer dans ce saint Ordre. Après de vives instances,
elle obtint le généreux consentement de son père.
Cette jeune fille de vingt et un ans, ange dans un
corps mortel, fit son noviciat avec une ferveur
toute céleste, et prononça joyeusement ses vœux
de religion, le 9 mai 1606, entre les mains de
notre Bienheureuse. Mais le divin Maître ne voulait pas laisser languir sa pure colombe sur la
terre : il allait lui ouvrir l'arche éternelle.

Cependant, pour ménager la tendresse mater-
nelle et tempérer les regrets de la Prieure, il daigna lui révéler par avance la mort de sa fille très

aimée et la gloire qu'il lui réservait en Paradis. De fait, quelques mois après, la jeune religieuse s'éteignait pieusement, au milieu de ses sœurs en larmes, en récitant cette strophe de l'*Ave, maris stella*, qui lui convenait si bien : Obtenez-nous, Marie, une vie pure ; mettez-nous sur le chemin qui mène sûrement à la contemplation de Jésus et aux délices sans fin.

Les révélations faites à la Mère Anne avaient quelquefois une portée plus générale. Elle annonça un jour au cardinal de Bérulle, l'un des Supérieurs des Carmélites françaises, que la Mère espagnole, Isabelle des Anges, était pour toujours destinée à la France. Cette prophétie se réalisa. En effet, des six religieuses venues d'Espagne, cinq passèrent ensuite en Flandre, y compris notre Bienheureuse. Seule, la Mère Isabelle des Anges mourra en terre française, au Carmel de Limoges qu'elle avait fondé.

Cette excellente religieuse passa quelque temps au monastère de Paris, sous le priorat de la Mère Anne, et l'aida beaucoup pour la formation des novices à la récitation du bréviaire. Nous avons vu les difficultés éprouvées à Pontoise par notre Bienheureuse, dans ce saint exercice. Ce n'est pas au seuil de la soixantième année qu'une religieuse inculte, ignorant le latin, peut apprendre, en quelques jours, les rubriques compliquées de l'Office divin et se familiariser avec les règles de la prononciation latine. La psalmodie de l'Office, au chœur, pendant de longues heures, était une rude tâche pour la pauvre Prieure.

Pourtant elle met toute son application à suivre ponctuellement les prescriptions liturgiques. Mais parfois, devant l'insuccès, elle est tentée d'aban-

donner cet exercice, dont elle se sent incapable.
Un jour qu'elle était plus découragée, Notre-
Seigneur se manifeste à elle, pendant son oraison,
et lui dit : « Ne quitte pas l'Office divin et fais ce
que tu pourras ; je le veux ainsi. » Cet ordre calme
son inquiétude et ravive son énergie. Elle fait du
saint Office son occupation capitale, passe les
nuits entières à étudier ce qu'elle doit dire le lendemain, et s'y adonne avec tant d'ardeur qu'elle
est le matin baignée de sueur. Dieu bénit ces efforts
héroïques ; il lui fait la grâce d'arriver à un bon
résultat, la réjouit souvent de sa présence sensible
pendant la récitation du bréviaire, et lui donne
même l'intelligence des phrases latines que ses
lèvres prononcent. Son âme est alors inondée de
consolations. Le chœur lui apparaît comme un
coin du Paradis, où elle croit chanter les louanges du Seigneur avec les esprits bienheureux et
partager leur félicité.

Le bonheur de se sentir à côté de Dieu, la Mère
Anne l'éprouvait surtout devant le Très Saint
Sacrement. Comme tous les saints, elle faisait du
tabernacle le centre de sa vie religieuse. Avait-elle
une peine ? Elle allait se consoler avec Jésus.
Fallait-il prendre une décision importante ? Elle
consultait Jésus. Les plus doux moments de sa
journée s'écoulaient aux pieds du prisonnier
d'amour. C'est au tabernacle qu'elle puisait, comme
à une source intarissable, les flots de bénédictions
qu'elle répandait ensuite sur ses chères filles et sur
ceux qui recouraient à son intercession.

Souvent, les Supérieurs s'adressaient à elle pour
obtenir du Ciel l'éclaircissement de leurs doutes
ou la lumière dans leurs décisions. Un jour, ils la

prièrent d'interroger Notre-Seigneur sur un point qui la concernait, mais sans l'en avoir prévenue. La pieuse Mère alla, suivant son habitude, se prosterner devant l'Eucharistie, pour implorer ses divers oracles. Elle fut très étonnée d'entendre cette réponse : « Tu seras le sel de la terre. » Elle comprit à ce moment qu'il s'agissait d'elle et en fut très mortifiée ; les Supérieurs, au contraire, se déclarèrent satisfaits,

Le Saint Sacrement était encore sa ressource lorsqu'elle devait faire acte d'autorité. La timidité de son caractère et sa longue habitude de dépendance lui rendaient le gouvernement pénible ; lorsqu'il fallait reprendre une faute, donner un avis ou présider le Chapitre. Elle éprouvait alors une répugnance instinctive et son âme se troublait. Mais une courte oraison devant le divin Maître lui suggérait ce qu'elle avait à dire. Et elle le disait si bien qu'elle en était elle-même toute surprise, tandis que son entourage, ravi de l'onction de ses discours, admirait l'action visible de l'Esprit-Saint, qui répandait la sagesse sur ses lèvres.

Les faveurs divines accordées à la Bienheureuse étaient ordinairement passagères. Mais parfois aussi, elles se prolongeaient longtemps. Un jour, pendant les solennités de la Noël, elle reçut une si débordante plénitude de vie surnaturelle, qu'il lui semblait, selon son expression, « être toute possédée de Dieu et comme dans le Ciel ». Dans cet heureux état, elle s'aperçoit à peine qu'elle a un corps. Elle est d'une agilité et d'une activité étonnantes. Elle supporte allègrement les travaux qui fatiguent même les jeunes religieuses ; bien mieux, elle les accomplit avec délices. Le carême

venu, encore sous l'impulsion de cette force sur-
humaine, elle peut, malgré son âge, pratiquer le
jeûne rigoureux, l'abstinence complète et les dures
austérités en usage dans l'Ordre. La pieuse Mère
est enchantée d'observer strictement la sainte
Règle et de servir ainsi de modèle vivant à sa
Communauté. Elle bénit Dieu de relever sa faiblesse par une vertu supérieure aux forces de
la nature.

CHAPITRE VINGTIÈME

Nous avons dit le bien opéré par la Mère Anne
de Saint-Barthélemy, durant son priorat au
monastère de l'Incarnation, et les nombreuses consolations que le Ciel lui donna. Elle ressentit aussi
des peines, car l'épreuve accompagne partout les
serviteurs du divin Maître, et le sacrifice est le ca-
chet des œuvres de Dieu.

Elle éprouva quelques ennuis à l'occasion du
gouvernement des Carmels français. En Espagne,
les Carmélites étaient dirigées par les Pères de leur
Ordre, les Carmes déchaussés. Comme en France
il n'y avait pas de Pères Carmes, les sœurs espagnoles, et les sœurs françaises groupées autour d'elles, furent placées, par le Souverain Pontife, sous
la direction de trois supérieurs ecclésiastiques : le
cardinal de Bérulle, M. l'abbé Gallemant et M.
l'abbé du Val. Nous avons déjà parlé de leur no-

mination, de leur activité en faveur de l'Ordre
naissant, de la sagesse de leur direction. Ils gou-
vernaient, du reste, les religieuses conformément
à la Règle et aux Constitutions de sainte Térèse, de
sorte que les Carmels de France n'auraient pu
être confiés à de meilleures mains.

La Prieure de Paris tenait ces Supérieurs en
haute estime, et tout le monde était satisfait, sauf
le démon. Il suscita des esprits chagrins pour essayer d'introduire la discorde, et faire planer des
soupçons injustes sur l'opinion de la Mère Anne,
relativement à la direction du Carmel en France.

La pieuse Mère avait toujours eu, et professa
jusqu'à sa mort, un respectueux attachement pour
les religieux de son Ordre, sous le gouvernement
desquels elle avait passé la majeure partie de sa
vie. Plus tard, elle se remit volontiers sous leur
conduite, quand elle crût devoir répondre aux appels pressants qu'on lui adressait des Pays-Bas.
Mais, saintement heureuse sous le gouvernement
des Supérieurs français, comme ses lettres en font
foi, elle était trop modeste, trop obéissante et trop
animée de l'esprit de Dieu, pour susciter le moindre embarras à leur légitime autorité. Aussi fut-
elle contristée, quand on lui adressa, à ce propos,
des reproches immérités.

Elle les entendit sans répliquer et même sans se
plaindre, mais son chagrin en fut d'autant plus
amer. Ces perfides insinuations jettent le trouble
dans son âme. Les remords et les scrupules la ron-
gent ; sa conscience timorée lui montre partout,
dans sa vie, des sujets de terreur et de larmes. Elle
croit subir le châtiment de ses infidélités. Elle se
considère, devant la Justice divine, comme une

criminelle attendant sa condamnation. Combien doit souffrir, au milieu de pareilles angoisses, l'âme délicate de la sœur Anne !

Heureusement, la crise est de courte durée. Touché de sa patience et des supplications de son âme en détresse, Notre-Seigneur lui fait sentir ses consolations. Il murmure, au cœur meurtri de sa fidèle servante, des paroles de paix et lui annonce qu'il se charge de la protéger et de la défendre. Comme les flots de la mer de Tibériade se calmèrent à la voix de Jésus, ainsi ce cœur agité s'apaise à la voix du Sauveur et retrouve la tranquillité. La Mère Anne renaît à la confiance, et s'abandonne avec bonheur entre les mains de son divin Maître.

Un jour, après avoir communié, elle eut une étrange vision. Notre-Seigneur lui apparut, tenant un linceul sur lequel étaient gravées une foule de petites croix, et lui ordonna de les embrasser. La Mère comprit que ces croix symbolisaient les nombreuses épreuves que le Ciel lui réservait encore ; elle eut un mouvement instinctif de répulsion. Mais, fortifiée par la divine présence, elle se ravise, saisit promptement le linge, et baise avec amour les signes sacrés. Aussitôt, toutes ces croix s'incorporent à elle, pénétrant jusque dans l'intime de son être, et elle ressent à la fois une vive douleur et un violent désir de souffrance. C'est comme un délicieux martyre, fait d'amertume et de suavité, qui réalise parfaitement la parole de saint Augustin : On se plaît à souffrir pour l'objet qu'on aime.

Cette apparition grava dans l'esprit de la sainte Prieure une impression vivante du mystère de la

Croix et un amour passionné du sacrifice. La parole du divin Maître retentit plus impérieuse dans son cœur : « Celui qui désire venir après moi, doit se renoncer lui-même, porter sa croix et me suivre. »

En expliquant l'intelligence de la souffrance que lui infusa Notre-Seigneur, la Bienheureuse marque les deux états d'âme où l'on peut se trouver pendant l'affliction. A certains moments, l'épuration par le sacrifice s'accomplit avec douceur ; à peine a-t-on besoin de faire effort, car la consolation intérieure donne de l'élan à la volonté. Dans cette situation privilégiée, l'âme ne connaît que le beau côté de l'épreuve, parce que la main de Dieu aplanit les difficultés. Ainsi imprégnée de l'onction céleste, notre piété n'a qu'à se répandre en actions de grâces aux pieds de l'Ami divin, qui daigne lui-même porter notre croix à côté de nous.

Dans d'autres circonstances, au contraire, l'épreuve se présente sous un aspect crucifiant. Pendant ces périodes d'aridité, l'âme est environnée de ténèbres : elle doit sans cesse se tenir en garde contre les tentations ; elle se croit vaincue quand elle est victorieuse ; ses scrupules lui montrent des fautes dans toutes ses actions. Inquiète, agitée, bouleversée, elle ne peut trouver le repos ; elle se consume en oraison et croit qu'elle n'en fait point ; elle est sevrée de toute consolation, soit du côté du ciel, soit du côté de la terre. Pour cette pauvre âme, c'est une situation martyrisante. Mais, ajoute la Bienheureuse qui en parlait par expérience, dans ces heures-là, nous pouvons gagner les plus grands mérites, si, sans nous décourager jamais, nous savons porter notre croix à côté de Jésus.

La Mère Anne de Saint-Barthélemy eut alors l'occasion de montrer combien elle était satisfaite de son séjour en France et dévouée aux Carmels français. L'Infante d'Espagne, Isabelle, gouvernait avec son époux, l'archiduc Albert d'Autriche, les Pays-Bas. qu'elle avait reçus de son père Philippe II. La pieuse princesse, désireuse de fonder dans ses Etats des couvents de carmélites, recula devant la difficulté de faire venir des religieuses d'Espagne, et fit appel au concours des sœurs espagnoles de Paris. Avec l'autorisation du Nonce et des Supérieurs français, la Mère Anne de Jésus partit pour Bruxelles, afin d'y fonder un monastère de son Ordre. On proposa à la Mère Anne de Saint-Barthélemy de l'y accompagner, en faisant briller à ses yeux les avantages dont elle jouirait là-bas. Mais la bonne Prieure s'en défendit, en disant avec simplicité « qu'elle n'avait encore rien exécuté de son désir de pâtir », qui l'avait amenée en France.

Dieu la bénit de sa magnanimité, en lui accordant plus d'attrait pour le bien et plus de suavité dans les croix. Un matin, elle passait soucieuse devant l'image de sainte Térèse. Une force inconnue l'oblige à s'arrêter. Elle tombe à genoux et entre en oraison. Soudain, s'échappe de sa poitrine une colombe de feu, qui monte dans le ciel. Ravie d'attendrissement à ce spectacle, elle cherche à comprendre ce qu'il signifie. Le Seigneur lui fait connaître que l'oiseau lumineux, joyeusement envolé de son cœur endolori, est le signe de la joie toute divine qui se dégagera du fond de sa tristesse, si elle cherche en Dieu seul tout son contentement.

Enflammée par ce prodige, la Mère Anne ne met

plus de bornes à ses sacrifices quotidiens. Elle pousse jusqu'à l'héroïsme les vertus et les pénitences qui, depuis longtemps, l'auréolent de sainteté aux yeux de son entourage. Non contente de remplir ses journées de fatigantes occupations, elle passe encore les nuits en prière. C'est elle qui éveille les sœurs pour l'oraison du matin. Elle est la première à tous les exercices de la communauté ; on la trouve partout où il y a à faire un travail rebutant. Elle se dépense jusqu'à l'épuisement, et son zèle ne s'arrête que quand elle est réduite à l'extrémité. Mais, si son corps lassé se traîne péniblement au service de sa ferveur, son âme dégagée monte vers Dieu pour y goûter d'ineffables consolations.

Dans leurs relations avec le Ciel, les Saints ont de pieuses délicatesses : le cœur de la mère Anne cédait à ce doux penchant. Pour toucher son divin Maître, elle porta, chaque jour, pendant deux ans, un petit bouquet de fleurs devant un *Ecce Homo*, qui ornait la salle du Chapitre. Malgré le mauvais temps, elle ne manqua jamais de faire sa cueillette et de déposer son hommage aux pieds de Jésus. Et là devant ces fleurs odorantes, symboles des vertus dont elle désirait se parer ; là, dans le recueillement de la solitude, elle s'offrait humblement à son divin Epoux, et exhalait vers lui le parfum de son âme aimante et immolée.

Un jour, la Bienheureuse, en déposant son bouquet, ressentait une telle affliction qu'elle était sur le point de succomber. Tout à coup, la statue de l'*Ecce Homo* s'anime. Elle voit Notre-Seigneur flagellé, couvert de plaies, couronné d'épines, les mains liées, affublé du manteau d'écarlate, tel que Pilate le montra du haut du prétoire, à la populacé, en s'écriant : *Voilà l'Homme* ! Regardant sa servante avec douceur : « Ma fille, lui dit-il, vois comme je me suis laissé garrotter pour toi, en attendant qu'ils fassent de moi ce qu'il leur plaira. C'est ainsi que je te veux, comme mon amie ». On devine l'énergie que ces paroles excitèrent dans l'âme de notre sainte Prieure. Elle nous assure que le Seigneur lui accorda beaucoup de grâces semblables, pour la consoler et l'encourager dans ses détresses.

Sur la fin de son priorat, Anne de Saint-Barthélemy fut à nouveau sollicitée de se rendre en Flandre. Après la fondation du couvent de Bruxelles, on avait résolu d'établir d'autres carmels dans les provinces des Pays-Bas. La Mère Anne de Jésus, d'accord avec les Pères Carmes, écrivit à la Prieure de Paris pour lui demander son concours et l'engager à venir la rejoindre.

A cette époque, les sentiments de la Bienheureuse étaient opposés à toute idée de départ. Elle écrivait à M. de Bérulle : « Malgré les difficultés que vous me représentez pouvoir se produire, je ne partirai point, à moins que Dieu ne me montre qu'il le veut ainsi, ou que vous, mon Père, ne me renvoyiez absolument, en me commandant de quitter la France ». Cependant, se méfiant de ses propres lumières dans une affaire de cette importance, elle ne voulait suivre ni l'inclination de l'amitié, ni ses préférences personnelles : seule, la voix de Dieu devait diriger ses pas. Elle se mit donc en prières, et, pendant quinze jours, elle demanda instamment au Ciel de lui inspirer la détermination la plus sage.

Le Seigneur lui fit entendre qu'elle devait s'en

rapporter aux conseils de l'autorité, et marcher comme toujours dans la voie de la soumission. Elle pria alors l'un de ses Supérieurs de lui tracer sa conduite. Celui-ci lui déclara nettement qu'il s'opposait à son départ. Aussitôt, débarrassée de son incertitude, elle fit savoir à la Mère Anne de Jésus que la volonté de ses directeurs, qui était pour elle la volonté de Dieu, la retenait à son poste d'obéissance.

La Providence réservait encore à la Bienheureuse une grande œuvre dans notre pays : la fondation du Carmel de Tours. C'est sur ce nouveau champ ouvert à son zèle que nous allons la suivre.

CHAPITRE VINGT ET UNIÈME

Fondation du Carmel de Tours. — Anne de Saint-Barthélemy est nommée Prieure. — Notre-Seigneur lui promet de bénir toujours ce monastère. — Calomnies des hérétiques. — Nombreuses vocations. — Miracle en faveur d'une postulante. — Sainte Térèse assiste la Mère Anne. — Mort de l'abbesse de Fontevrault. — Visions de la Bienheureuse. — Son départ de Tours.

Sainte Térèse honora toujours d'un culte spécial saint Martin, évêque de Tours et protecteur de la France. Le grand thaumaturge répondit à cette confiance et accorda des grâces signalées à la Réformatrice. Voici l'heure où les filles de sainte Térèse vont se mettre particulièrement sous la garde de saint Martin, en ouvrant un monastère à Tours. Après Paris, Pontoise, Dijon et Amiens, cette ville aura l'honneur de posséder le cinquième Carmel de France.

Un très chrétien gentilhomme, M. de Fontaines, fut l'instrument dont Dieu se servit pour cette fondation. Il avait déjà donné, au Carmel de Paris, sa fille aînée, la vénérable Madeleine de Saint-Joseph, qui succéda, nous l'avons dit, en qualité de Prieure, à la Mère Anne de Saint-Barthélemy, et fut l'une des illustrations de l'Ordre. Devenu veuf, il avait pris les Ordres Sacrés, et il devait plus tard achever ses jours dans la Congrégation de l'Oratoire, après avoir consacré à Dieu cinq de ses enfants. Il vivait alors pieusement, au milieu de sa famille, dans sa terre de Touraine.

Une de ses filles cadettes insistait, à ce moment, pour entrer au Carmel de Paris. Sa faible santé ne permettant pas de l'accepter dans les conditions ordinaires, Mme Acarie, sa cousine, engagea son père à fonder, dans la ville de Tours, un monastère où elle pourrait être admise, en qualité de bienfaitrice. M. de Fontaines accueillit avec bonheur cette proposition, qui satisfaisait à la fois sa piété et les désirs de sa fille. Mais il exigea, comme condition de son acquiescement, que la Mère Anne de Saint-Barthélemy fut la fondatrice et la Prieure de la nouvelle maison. Les Supérieurs acceptèrent volontiers cette clause, et l'on se mit à l'œuvre.

Le local aménagé, la Mère Anne partit de Paris accompagnée d'un petit essaim de religieuses qui devaient former la sainte colonie. Elles quittèrent la capitale le 5 mai, arrivèrent à Tours le 9, et, après un léger retard occasionné par les derniers travaux, furent solennellement installées, le 18 mai 1608.

C'était le dimanche dans l'octave de l'Ascension. Le vicaire général de Mgr François de la Guesle, archevêque de Tours, se rendit à la chapelle du monastère. Au milieu d'un grand concours de clergé et de fidèles, il plaça le Saint-Sacrement et souhaita la bienvenue à la Communauté. Le couvent fut dédié à Notre-Dame des Anges.

Durant cette installation, la Bienheureuse reçut de Notre-Seigneur la promesse que le monastère de Tours serait sans cesse l'objet d'une assistance spéciale du Ciel. Voici comment elle raconte elle-même cette faveur, qui est un gage précieux pour les ferventes religieuses du Carmel de Saint-Martin. « Ce jour-là même, dit-elle, au moment de » communier, je demandais à Dieu que sa grâce » fut avec nous en ces commencements, et qu'elle » nous assistât, nous qui étions alors présentes, » et toutes celles qui viendraient en ce monastère » jusqu'à la fin. Sa Majesté me donna alors une » grande assurance qu'elle le ferait et qu'elle » agréait ma demande ». Ce trait nous donne une idée de la portée immense que peut avoir la prière des saints !

Cependant l'arrivée des filles de sainte Térèse, si elle avait réjoui les catholiques, avait provoqué la rage des hérétiques, alors nombreux dans la ville de Tours. Leur vie pénitente et cloîtrée et leur tendre dévotion envers la Très Sainte Vierge exaspéraient le fanatisme des Huguenots. Aussi complotèrent-ils de se débarrasser des Carmélites.

N'ayant pas d'autres armes, ils employèrent la calomnie. Ils semèrent contre la vertu des Sœurs des rumeurs infâmes qui, ourdies avec malice, répétées avec persistance, éclatèrent bientôt en scandale dans la ville et ses environs. Les catholiques eux-mêmes s'émurent, et les pusillanimes doutèrent de la sainteté des Religieuses. L'astuce triomphait, et les calomniateurs savouraient hypocritement le fruit de leurs mensonges.

Mais Dieu, qui veillait sur la réputation de ses fidèles servantes, changea en opprobre la joie éphémère des méchants. L'un des supérieurs des Carmélites vint au monastère, inspecta soigneusement, devant témoins, les clôtures et les murs, où l'on prétendait qu'il y avait de fausses portes, et témoigna publiquement de la vertu de ses filles.

Bien mieux, la Mère Anne de Saint-Barthélemy, avec sa prudence ordinaire, voulut rendre notoire l'innocence de ses Sœurs. Sous prétexte de demander conseil pour l'aménagement de la maison, elle appelle au couvent un des premiers magistrats de la ville, et lui fait ensuite visiter minutieusement tous les recoins de l'immeuble. Evidemment, le magistrat ne trouve pas la moindre trace d'issue secrète ; il est bien obligé de démentir hautement, autour de lui, les faux bruits qui circulent. L'orage se calme et la pureté des filles de sainte Térèse resplendit plus vivement au-dessus des éclaboussures dont le démon a tenté en vain de la souiller.

Les hérétiques, humiliés par leur défaite et fortement impressionnés par l'excellente réputation des Carmélites, manifestèrent leur dépit avec amertume : « Ces Térésiennes, répétaient-ils, nous convertiront malgré nous ». Sur quoi les *Chroniques de l'Ordre* ajoutent avec raison : « Ils en auraient eu bien plus de peur, s'ils avaient su combien de prières et de pénitences ces saintes filles faisaient pour leur conversion ». Et de fait, plusieurs Calvinistes revinrent à la foi de leurs pères, grâce à l'intercession des orantes du Carmel.

Le nouveau monastère acquit rapidement un renom de sainteté. Des jeunes filles appartenant aux plus honorables familles venaient demander leur admission. Il y eut jusqu'à vingt postulantes à la fois. La mère Anne de Saint-Barthélemy, avec un amour maternel, les formait à la vie de retraite et d'oraison. Son action sur ces âmes avait une efficacité merveilleuse, car elle était toujours assistée de Notre-Seigneur, comme elle le rapporte dans ses lettres. Il se communiquait intimement à elle et la comblait de consolations. Cet appui divin allège ses travaux, les épreuves l'effleurent à peine, et, dans un saint transport, elle s'écrie avec saint Paul : « Qui me séparera de la charité de Jésus-Christ ? »

Les traditions du Carmel de Tours ont conservé un trait caractéristique de la protection que le Ciel accordait à la Bienheureuse. Une pieuse jeune fille de Saint-Brieuc, Mlle de Querlingue, veut entrer au Carmel. Après une vive opposition, son père consent enfin à la conduire à Tours, et la présente au couvent. Mais, à la suite d'une légère difficulté au sujet de questions matérielles, il veut ramener sa fille avec lui. Au sortir de la ville, les chevaux s'arrêtent soudain, refusant d'avancer, et, malgré tous les efforts, on ne peut les faire repartir. Le père, voyant là le doigt de Dieu, se ravise, retourne au monastère, accepte les propositions qu'on lui a faites, et y laisse, joyeux, sa fille plus joyeuse encore. Elle devint dans la suite une parfaite religieuse.

Sainte Térèse n'abandonnait pas la Prieure de Tours ; elle se manifestait souvent à elle, et l'assistait avec une si douce familiarité que celle-ci se croyait revenue au temps déjà lointain, où elle était son inséparable compagne. Afin de l'avoir toujours présente, elle portait continuellement un portrait de la Sainte, qu'elle posait partout sous ses yeux. Pour cela, elle jouissait même, disent certains auteurs, du privilège de pouvoir épingler cette image sur les murs, comme sur une étoffe.

La Bienheureuse, pendant son priorat de Tours, eut l'occasion de témoigner sa reconnaissance à la princesse de Longueville, la grande bienfaitrice des Carmels de France. La supérieure de la célèbre abbaye de Fontevrault, Eléonore de Bourbon, tante de Henri IV, tomba très gravement malade. La princesse, sa nièce, la voyant près de sa fin, la recommanda à la Mère Anne, dont elle connaissait l'influence sur le cœur de Dieu.

La sainte se met aussitôt en prières, afin de lui obtenir une pieuse mort. Elle éprouve d'abord des craintes en voyant, à la lumière divine, la gravité des comptes que l'abbesse devra rendre de son long gouvernement. Puis elle aperçoit, dans une vision, d'innombrables démons qui viennent assiéger cette âme, pendant les derniers jours de la maladie, et s'efforcent de la jeter dans le trouble. Inquiète à cette vue, la Bienheureuse redouble ses instances auprès de Notre-Seigneur. Avec une héroïque constance, elle accumule oraisons, veilles, pénitences pour toucher la miséricorde divine. Enfin elle triomphe. Le Seigneur lui apparaît dans une clarté rayonnante, et environné d'une foule d'anges et de saints. Le céleste cortège entre dans la chambre de la malade, met en fuite les démons, et inspire une joie divine à l'auguste mourante, dont le visage s'illumine d'un rayon de gloire. Jésus reçoit l'âme de sa servante, et la conduit triomphalement dans son paradis. La Mère Anne,

ravie, remercie le bon Maître de l'avoir si complètement exaucée.

Le lendemain, on vint annoncer à la Prieure
que l'abbesse avait pieusement rendu le dernier
soupir, à l'heure même où elle avait vu son âme
s'envoler dans le sein de Dieu. Elle fut heureuse
d'avoir contribué à consoler les derniers moments
de la vénérable défunte, et de l'avoir aidée à cou-
ronner sa vie exemplaire par une mort édifiante.
Elle garda de ce fait un souvenir toujours vivant
des efforts du démon pour troubler les âmes, à
l'instant suprême, et du besoin qu'elles ont de nos
prières pour franchir le seuil de l'éternité.

Dieu révélait aussi miraculeusement à la Mère
Anne les dangers courus, au loin, par certaines
personnes à qui elle s'intéressait. Elle avait beaucoup apprécié, en Espagne, l'esprit surnaturel du
père Jérôme Gratien, Carme déchaussé, que sainte
Térèse tenait en particulière estime. Ce bon Père,
après de nombreuses tribulations, était allé en Turquie consacrer son zèle à la conversion des Mu-
sulmans.

Un jour, pendant l'oraison, la sainte Prieure eut,
à son sujet, une apparition qui la glaça d'épouvante. Elle voit sur une place publique un bûcher
qui flambe, et, tout autour, une foule méchante
qui s'apprête à jouir d'un spectacle cruel. Tout à
coup apparaît la victime : c'est le Père Gratien. Il
avance, le visage joyeux, au milieu d'hommes ar-
més, qui le poussent brutalement vers le lieu du
supplice. On va le lancer dans les flammes, quand
un remous se produit dans les rangs de la popu-
lace. Quelques personnes s'avancent hardiment et
arrachent des mains de ses bourreaux le pauvre pa-

tient, qui s'éloigne en jetant un dernier regard d'envie sur le bûcher, où il avait espéré cueillir la palme du martyre.

Quelques mois après, des lettres de Turquie annonçaient à la Mère Anne le péril de mort auquel avait échappé le pieux missionnaire. Les détails du récit concordaient de tous points avec ceux de la vision. Elle avait donc assisté, par un prodige surnaturel, à une scène qui s'était déroulée à plusieurs centaines de lieues de son monastère.

Une autre fois, dans l'octave du Saint-Sacrement, le Seigneur se montrant à la Prieure de Tours, l'invite à lui demander les grâces qu'elle désire. Elle se recueille, et voit aussitôt en esprit trois personnes : l'une de ses sœurs, un cousin et un inconnu. La sainte, qui ne rêve que le bien des âmes, demande au Sauveur leur salut éternel. Elle reçoit immédiatement l'assurance que son vœu est exaucé.

Peu après, elle eut la douleur d'apprendre la mort de sa sœur, qui s'était noyée dans une rivière. L'accident coïncidait avec le jour où elle avait obtenu du Seigneur la promesse du salut de cette chère âme. A la même date, son cousin avait rendu le dernier soupir, des suites d'une maladie. Quant à l'inconnu, qu'elle eût l'occasion de connaître plus tard, elle sut qu'il était décédé saintement, après avoir couru de graves périls de damnation.

Quelque temps avant de quitter le monastère de Tours, la Bienheureuse reçut une révélation, dans laquelle sainte Térèse lui annonça son prochain départ pour la Belgique. Elle vit un chemin qui la conduisait, hors de France, à un monastère où elle aperçut une jeune religieuse. La Sainte lui expliqua la vision : c'était le monastère qu'elle devait encore fonder, et la première novice qu'elle y recevrait. Tout cela se réalisera bientôt. A Anvers, la Mère Anne reconnaîtra parfaitement et le couvent et la religieuse.

A la fin de son supériorat, Anne de Saint-Barthélemy demanda d'être relevée de sa charge et rentra au monastère de Paris. En partant, elle légua au Carmel de Tours son manteau, que l'on conserve encore avec vénération.

Elle garda un excellent souvenir des religieuses qu'elle y avait laissées. Dans une lettre adressée à la Mère Claire du Saint-Sacrement, qui lui avait succédé comme Prieure, elle disait : « Comment pourrais-je oublier cette maison, où l'on a eu pour moi bien plus de charité que je ne le méritais ! Je vous aime toutes du fond du cœur. »

CHAPITRE VINGT-DEUXIÈME

La Mère Anne de Saint-Barthélemy décide d'aller en Flandre. — Les Supérieurs l'y autorisent. — De Paris a Mons. — Séjour au Carmel de Mons. — Elle va fonder le Carmel d'Anvers. Son passage a Marimont. — Elle annonce a une dame de la cour qu'elle sera Carmélite. — Passage a Bruxelles. — Arrivée a Anvers.

ANNE de Saint-Barthélemy avait donné à la France sept années de son fécond apostolat. Les monastères de Pontoise, de Paris et de Tours l'avaient vue successivement à leur tête, et partout, avec la grâce de Dieu, elle avait réalisé des prodiges. Maintenant huit Carmels français sont solidement établis, et l'Ordre de sainte Térèse a pris chez nous un essor plein d'espérances. La Providence peut appeler dans d'autres régions la Bienheureuse, pour y faire rayonner sa sainteté.

A son départ de Tours, la Mère Anne était revenue au monastère de l'Incarnation. Nous avons signalé les instances répétées auprès d'elle pour l'attirer en Belgique. Elle finit par y céder, poussée par le désir de se retrouver sous la conduite des religieux de son Ordre qui, dans les Pays-Bas comme en Espagne, dirigeaient les Carmélites.

De son côté, la Mère Eléonore de Saint-Bernard, pour avoir près d'elle la Mère Anne de Saint-Barthélemy qu'elle estimait beaucoup, sollicita du Révérend Père Général de l'Ordre une patente, qui appelait cette dernière en Flandre. Anne demanda aux Supérieurs français la permission de partir. Ils s'y opposèrent d'abord, autant par affection pour l'Ordre que par vénération pour la Bienheureuse. Ils employèrent avec douceur toutes les raisons qu'ils crurent capables de la toucher ; mais ce fut en vain. Elle demeura ferme dans sa résolution, et répondit qu'elle désirait mourir sous la conduite de ceux qui avaient dirigé ses premiers pas dans la vie religieuse.

Notre-Seigneur la confirma dans cette voie. Il lui apparut, entouré d'une gloire, et lui dit avec amour : « Ma fille, prends courage ; je t'aiderai. » Cette vision lui inspira confiance, en lui faisant comprendre que son désir ne tarderait pas à se réaliser. De fait, le soir même, l'un des Supérieurs l'appela et lui dit : « J'ai pour vous une lettre qui vous mande en Flandre ; mais vous devez accomplir l'obéissance que vous avez promise. » Le Supérieur lui ordonna alors une retraite de dix jours, pour consulter définitivement la volonté de Dieu. Sœur Anne obéit avec joie, et s'absorbe dans la prière. Deux fois, pendant cet intervalle, le directeur vient lui demander si elle persévère dans son dessein : deux fois elle répond que sa détermination n'a pas changé. Enfin, le dernier jour, elle assure que la voix de Dieu lui impose de partir. Le Supérieur lui donne alors l'autorisation de quitter la France.

La Mère Anne de Saint-Barthélemy sortit du

monastère de Paris, au mois d'octobre 1611, sept ans après son arrivée d'Espagne. Une sœur du voile blanc l'accompagnait, avec le supérieur des Carmes de Bruxelles, qui était venu pour l'amener. Ce religieux fut très édifié, pendant ce voyage, par la régularité de la Mère Anne. Elle se conduisait comme jadis avec sainte Térèse, lorsqu'elles visitaient ensemble les maisons de leur Ordre. Elle tenait son grand voile toujours baissé, quand elle pouvait être aperçue. Un sablier lui servait d'horloge, pour marquer les heures de l'oraison et du silence. Elle observait le règlement comme dans le cloître.

Elle arriva ainsi au monastère de Mons, où était Prieure son ancienne compagne, la Mère Isabelle de Saint-Paul. Elle y fut reçue avec empressement. Toutes les religieuses la désiraient et la demandaient à Dieu depuis longtemps. Elles étaient heureuses de la posséder, et vénéraient en sa personne, non seulement une sainte, mais encore la compagne et l'amie de leur Sainte Mère Térèse. Devant les vertus éminentes qu'elles lui virent pratiquer, leur admiration grandit.

La Prieure surtout entourait la Mère Anne d'une respectueuse affection. Elle aurait voulu la dispenser de s'humilier à ses pieds, comme c'est la coutume dans certaines circonstances. Mais la Bienheureuse, non contente de refuser tout adoucissement à la Règle, s'imposait en outre de nombreuses pratiques d'humiliation. Sa ferveur lui inspirait aussi de continuelles et héroïques pénitences ; et elle les pratiquait avec tant de piété et de simplicité, que son exemple répandait autour d'elle la salutaire contagion du sacrifice.

Une vertu si haute devait rayonner avec éclat. Le Père Provincial, ayant reconnu la sagesse de la Mère Anne, permit aux religieuses du monastère de la consulter sur leur direction spirituelle. Avec quelle joie les sœurs ouvrirent leur âme dans le cœur de la Sainte ! Elles y trouvèrent un tel profit que plusieurs voulurent refaire leur noviciat sous sa conduite éclairée. Pendant une année, les conseils et surtout les exemples de la servante de Dieu sanctifièrent la pieuse communauté.

Mais la Providence réservait à la Mère Anne la gloire d'une nouvelle fondation. On venait de décider l'ouverture d'un Carmel à Anvers ; elle en fut nommée fondatrice et Prieure. En vain sa faiblesse protesta contre ce lourd fardeau : son obéissance dut faire taire ses scrupules et incliner sa volonté sous l'ordre des supérieurs. Elle se contenta de verser son amertume dans le cœur du divin Maître. Un jour, après la communion, elle lui dévoilait ses appréhensions, et lui demandait la grâce d'agir en tout selon le bon plaisir du Ciel. Jésus la réconforta par ces consolantes paroles : « Prends courage, ma fille ; cette fondation sera comme un flambeau qui éclairera tout le pays. »

Anne de Saint-Barthélemy partit de Mons, au mois d'octobre 1612, accompagnée de trois religieuses. L'Archiduc d'Autriche, gouverneur des Pays-Bas, et l'infante Isabelle, son épouse, voulurent qu'elle passât par Marimont, où ils avaient leur résidence. Ils la reçurent avec de grands témoignages de bonté et de vénération. Ils l'entretinrent en particulier des questions concernant le bien de son Ordre et de l'Eglise, et lui recommandèrent avec foi le salut de leur âme et les intérêts de leurs Etats. Conformément au mandat reçu, les serviteurs du palais s'appliquèrent à bien traiter les saintes voyageuses. Trop bien même, car elles ne purent faire honneur à leur excellent dîner ; elles durent se contenter d'une maigre collation, parce que, d'après leur Règle, c'était un jour de jeûne. Pour le coucher, ce fut pareil : les lits préparés n'ayant rien de commun avec ceux des filles de sainte Térèse, elles ne se couchèrent point, et passèrent la nuit en prières.

Cependant, les dames de la cour, mues par une pieuse curiosité, veillaient elles aussi dans l'antichambre des sœurs : elles attendaient pour voir, saluer et entretenir à sa sortie la vénérable Mère. Quel n'est pas l'étonnement d'une demoiselle d'honneur de l'Infante, quand, au matin, Anne l'envisage avec intérêt et lui annonce qu'elle se fera bientôt carmélite. La jeune fille avoue ingénuement qu'elle n'y a jamais pensé, et n'en a aucune envie. « Il en sera ainsi, reprend la Sainte, et vous le ferez de plein gré, par libre choix de votre volonté ». L'événement prouva peu après la vérité de la prophétie.

Le lendemain, les religieuses prirent congé de leurs Altesses, et se mirent en route pour Bruxelles, dans les carrosses du palais, qui la veille les avaient amenées de Mons. Elles s'arrêtèrent à l'abbaye de Nivelle, où Madame l'Abbesse et les chanoinesses les reçurent avec joie et se réservèrent l'honneur de les servir à table. De Nivelle, elles allèrent entendre la messe à Notre-Dame-de-Hal, où elles reçurent la Sainte Communion, et arrivèrent le même jour au monastère de Bruxelles.

La Prieure, Anne de Jésus, et ses religieuses

accueillirent avec tendresse la Mère Anne de Saint-Barthélemy. Celle-ci demeura quatre jours dans le couvent. La Prieure, pour lui témoigner sa vénération, invita toutes ses Sœurs à l'entretenir en particulier, et à la consulter sur la direction de leur âme. La Bienheureuse fut profondément édifiée par leur simplicité et leur vertu, et elle en exprima sa satisfaction à la Révérende Mère. Les religieuses, de leur côté, tirèrent grand profit de ces entretiens spirituels. Elles recueillirent respectueusement les détails édifiants qu'elle leur donna, pendant les récréations, sur la vie, les œuvres et la mort de la sainte Mère Térèse.

Durant son séjour à Bruxelles, la Mère Anne de Saint-Barthélemy reçut la visite des dames de la cour. Attirées par sa réputation de sainteté, elles vinrent toutes lui offrir leur sympathique considération et demander à sa piété des conseils pour préserver leur vertu, au milieu des dangers du monde.

Le 27 octobre, veille de la fête des saints apôtres Simon et Jude, la Bienheureuse partit de Bruxelles pour Anvers, en compagnie de la sœur Eléonore de Saint-Bernard, sa fidèle amie, qu'on lui avait donnée comme sous-prieure. Elles arrivèrent à Anvers sur le soir, et reçurent l'hospitalité chez Monsieur et Madame de Borgia, qui les traitèrent avec une respectueuse charité, pendant le séjour qu'elles firent dans leur maison. Ces pieux chrétiens leur donnèrent dans la suite, tant qu'ils vécurent, des preuves de leur affectueux dévouement.

CHAPITRE VINGT-TROISIÈME

Le terme du voyage. — Pénibles commencements du Carmel d'Anvers. — Les difficultés s'aplanissent. — Dieu bénit le nouveau monastère. — Faveurs célestes. — Don des miracles. — Pestiférée et autres malades guéris. — « La sainte. » — Soldat préservé. — Don de prophétie. — « Amen ! amen ! amen ! »

LA Bienheureuse est arrivée sur le dernier théâtre de son zèle. Anvers sera le port où, après tant de voyages, elle goûtera enfin, sinon le repos, du moins la tranquillité de sa vie claustrale. L'établissement du Carmel d'Anvers est le couronnement de sa féconde carrière : de cette arche sainte, la colombe de Jésus s'envolera directement au Paradis.

Comme la plupart des œuvres de Dieu, cette fondation éprouva, dès le début, de nombreuses difficultés. L'hostilité de certains habitants et le manque de ressources menaçaient d'étouffer l'œuvre naissante. Après avoir surmonté les premiers obstacles, on put enfin poser le Saint Sacrement et établir la clôture, le 6 novembre 1612. L'installation se fit de grand matin et sans solennité, pour ne pas provoquer d'opposition.

La maison était ouverte, mais la situation n'était pas brillante : un local provisoire avait été loué à grand'peine, et, quant aux ressources, on n'avait pu réunir que cinquante florins. Les Pères Jésuites assistèrent généreusement les Carmélites. Ils leur fournirent les ornements d'église et les aidèrent par de multiples charités. Mais la nouvelle communauté demeura quelque temps dans la gêne et manqua parfois du nécessaire.

Après l'épreuve, Dieu envoya comme toujours la consolation. Sa protection spéciale se manifesta par d'abondantes aumônes, qui vinrent adoucir la pénurie du monastère, et permirent bientôt de faire face à tous les besoins. Au bout de trois mois, les revenus dépassaient les dépenses ; l'avenir matériel paraissait définitivement assuré. Ainsi, en très peu de temps, la situation temporelle des Carmélites fut mieux assise qu'en maints autres endroits, où elles avaient débuté avec de plus grandes avances. Tant il est vrai que les premières difficultés ne doivent point décourager ceux qui, dans leurs entreprises, comptent sur la Providence !

La Mère Anne de Saint-Barthélemy était la pierre angulaire de la fondation, et une source de bénédiction pour la communauté. Confiante dans la Bonté divine, qui habille les lis de la vallée et nourrit les passereaux des champs, son esprit de foi cherchait avant tout le règne de Dieu et sa justice, et le reste lui était donné par surcroît. Abandonnant à Notre-Seigneur les soucis de l'économat, elle s'occupait surtout de cultiver la grâce dans les âmes. De nombreuses et excellentes novices ne tardèrent pas à demander leur admission. La sainte Prieure en fit rapidement des religieuses d'élite, passionnées de pauvreté, d'obéissance, d'oraison, d'humilité. Dans la prière, dans le travail, et jusque dans leurs pieux délassements, éclatait leur éminente vertu. Elles n'avaient qu'une seule volonté, et formaient comme un chœur d'esprits angéliques, répandant la bonne odeur de Jésus-Christ.

Anne admirait avec consolation l'ouvrage du Saint-Esprit. Le Ciel accordait à plusieurs religieuses des grâces insignes ; mais il les prodiguait à la vénérable Prieure. Chaque jour était marqué par de nouveaux bienfaits. Elle en vint au point de ne pouvoir plus supporter la véhémence de son amour. Dans ses transports divins, elle s'écriait avec saint Pierre : « Seigneur, retirez-vous de moi. » Ou bien elle soupirait, avec saint François Xavier : « C'est assez ! Seigneur, c'est assez ! » Elle pouvait dire avec saint Paul : « Ce n'est pas moi qui vis, mais c'est Jésus-Christ qui vit en moi. »

En prenant la direction du Carmel d'Anvers, la Mère avait supplié sainte Térèse de le gouverner elle-même, comme elle gouvernait jadis ses monastères d'Espagne. Sa demande fut exaucée : la Sainte l'assistait dans ses embarras, l'avertissait des irrégularités qui se commettaient, et lui indiquait les moyens d'y remédier. Cette intervention surnaturelle explique l'affermissement rapide de cette maison, et les progrès merveilleux des religieuses.

Malgré sa soif de mortification, la Bienheureuse ne pouvait, à cause de son âge et de sa faiblesse, se livrer à de rudes pénitences corporelles ;

souvent même elle devait se dispenser de celles qu'imposait la règle. Elle en était toute confuse et affligée. Notre-Seigneur la consola ; il lui fit comprendre qu'il se contentait de ses désirs, et que les actes extérieurs n'ont du prix à ses yeux que par l'amour qui les inspire. Pour lui témoigner sa satisfaction, il lui apparaissait souvent, tantôt dans sa divine gloire, tantôt dans les opprobres de sa Passion.

Un jour, le Sauveur se révélant à elle sous l'aspect de l'homme des douleurs, lui dit : « Vois ce que j'ai souffert : c'est pour toi ! » Le cœur ardent de la Mère Anne éprouva alors le même transport, qui arrachait autrefois à saint Augustin ce cri de tendresse : « Seigneur, si j'étais Dieu et que vous fussiez Augustin, je me ferais Augustin pour vous faire Dieu, tant je vous aime ! »

Dieu confirma la sainteté de sa servante par le don des miracles. Une de ses religieuses tomba malade de la peste. Toute la communauté fut consternée ; mais la Prieure ressentit plus vivement que personne la douleur de la séparation imposée par l'isolement de la pestiférée. Désolée de ne pouvoir entourer de ses soins sa chère fille, Anne demandait à Dieu de la guérir. Tout à coup l'infirmière vient annoncer à la Prieure que la malade est à l'agonie, et que son front est déjà glacé par la sueur de la mort. Anne, avec le calme et l'autorité des thaumaturges, répond à l'infirmière : « Allez, de ma part, dire à notre sœur qu'au nom de la sainte obéissance je lui défends de mourir. » La défense est transmise. Aussitôt la sueur cesse, les forces renaissent, le corps reprend son aspect normal : la pestiférée est guérie.

Parfois c'est sur elle que la Bienheureuse exerce son merveilleux pouvoir. Une paralysie l'avait rendue impotente ; elle ne pouvait faire, sans aide, aucun mouvement : c'était une grande gêne pour tous. Ses souffrances la touchaient peu ; mais elle regrettait la peine que son état occasionnait aux Sœurs. Désireuse de les soulager, elle pria le R. Père Vicaire de lui ordonner de marcher. Il le fit ; aussitôt elle se leva et retrouva l'usage de ses membres.

Une religieuse du couvent était tourmentée sans répit, depuis sa profession, par de violents maux de tête. Lasse de souffrir, elle supplia la Mère Prieure de demander au Ciel son soulagement. Anne lui fit le signe de la croix sur le front, et les douleurs disparurent. Une autre sœur était affligée d'une rage de dents qui, depuis six semaines, l'empêchait de manger et de dormir. La Bienheureuse lui donna sa bénédiction et, à l'instant, le mal s'évanouit.

La Mère Anne guérit miraculeusement beaucoup d'autres personnes. Les maux les plus rebelles cédaient à ses prières. On venait de tous côtés, au monastère, recommander les malades et les mourants à la *Sainte* : c'est ainsi que la désignait la vénération publique. Un bourgeois d'Anvers, en danger de mort, eut recours à son intercession. Elle bénit un peu d'eau et la lui fait porter. Le malade la boit, et recouvre sur le champ force et santé ; il se lève de son lit et vaque à ses occupations.

Anne de Saint-Barthélemy opérait ces prodiges avec une si parfaite humilité qu'elle arrivait à cacher son mérite, même à ses religieuses. Une sœur tourière, qui recevait souvent du dehors des demandes de prières adressées à la *Sainte*, voulut savoir un jour « quelle sainte on invoquait ». Elle fut bien surprise d'apprendre que sa bonne Prieure était cette *Sainte*, à laquelle recourait la confiance populaire.

Anne, comme jadis saint François de Paule, usait de pieuses ruses pour voiler ses miracles, ou les mettre sur le compte d'autrui. Ainsi, elle faisait tremper, dans l'eau qu'elle distribuait aux malades, des reliques de saints, afin de pouvoir leur attribuer les guérisons.

Mais elle n'avait plus cette ressource lorsque les objets sanctifiés par son contact opéraient les prodiges. Et ces cas se multipliaient tellement, qu'on regardait comme des reliques précieuses les choses qu'elle avait touchées.

Un soldat portait sur sa poitrine, pendant la bataille, une lettre de la Bienheureuse. Il reçut plusieurs balles qui percèrent ses habits, et vinrent s'aplatir contre la feuille de papier, sans lui faire aucun mal. Les faits extraordinaires attribués à la protection de la Mère Anne étaient innombrables.

Outre le don des miracles, elle eut encore celui de prophétie. Elle annonça à plusieurs jeunes filles qu'elles seraient carmélites, alors que rien ne faisait prévoir cette vocation, et que tout semblait les en éloigner. A plusieurs personnes, qui ne s'y attendaient aucunement, elle fit pressentir leur mort prochaine, et leur fournit ainsi le moyen de s'y préparer. Dans une foule de circonstances, elle prédit des événements qu'une lumière surnaturelle pouvait seule lui dévoiler.

Elle était le refuge et la consolation des affligés. C'était un soulagement de lui confier ses peines et d'avoir l'assurance de ses prières. Une dame la pria, un jour, de bénir sa fillette âgée de quinze mois. La Mère Anne la prit affectueusement dans ses bras et, levant les yeux, adressa au Ciel cette courte prière : « Dieu fasse de cette enfant une sainte ! » Aussitôt la petite, comme pour confirmer cette prophétie, prononça trois fois, très distinctement : « Amen ! Amen ! Amen ! » Sa mère fut d'autant plus remuée par ce prodige que l'enfant balbutiait à peine, et ne devait acquérir que bien plus tard l'usage de la parole.

CHAPITRE VINGT-QUATRIÈME

Anvers sauvé miraculeusement, en 1622, par Anne de Saint-Barthélemy. — Le miracle se reproduit en 1624. — Elle obtient la victoire au maréchal de Tilly. — Réputation de sainteté. — Peines intérieures. — Dieu révèle sa gloire future a une Carmélite d'Espagne. — Anne prophétise sa mort.

LA protection de la Bienheureuse Anne de Saint-Barthélemy s'étendait non seulement sur les particuliers, mais encore sur les peuples.

En 1622, le prince d'Orange, Maurice de Nassau, résolut de s'emparer d'Anvers. Il comptait sur la valeur de ses troupes et sur la complicité des Protestants de la ville. Il s'embarqua avec une puissante armée, espérant surprendre la place avant qu'elle eut le temps de se mettre en défense. Il croyait tellement au succès qu'il répétait, à son départ de Dordrecht : « Je suis sûr de la victoire, à moins que Dieu ne s'en mêle. »

En effet, Dieu s'en mêla. Il fit échouer l'entreprise, grâce à l'intercession de la Mère Anne de Saint-Barthélemy. Un soir, elle eut l'intuition qu'un grand malheur menaçait la ville, et se sentit intérieurement pressée de prier beaucoup pour le détourner. Elle entra aussitôt en oraison avec toute la communauté. Après une longue veille, elle envoya les religieuses prendre leur repos, et, demeurée seule, redoubla ses instances pendant le reste de la nuit. Une sœur, en entrant dans sa cellule de grand matin, la trouva baignée de sueur et épuisée de fatigue. La Mère lui dit : « Ma fille, je suis exténuée ; tout mon corps est moulu ; il me semble que j'ai combattu contre une armée entière. On me forçait à prier ; je ne pouvais plus tenir mes bras levés vers le ciel, et une voix me répétait sans cesse : « Priez !... Encore !... Encore !... Encore !... » Anne continua son héroïque prière, jusqu'à ce qu'elle entendit la voix lui dire : « C'en est fait, tout est fini ! »

Deux heures plus tard, on apprit que, pendant cette fervente oraison, une tempête glaciale, survenue brusquement contre toute prévision, avait anéanti la flotte qui menaçait la ville. Les vaisseaux, désemparés par la furie des vents, avaient sombré avec leurs équipages. Le prince d'Orange, qui avait pu à grand peine, avec quelques officiers, échapper au désastre, ne pouvait surmonter sa surprise et son dépit. La ville d'Anvers constata, par cet heureux événement, que les prières d'une âme sainte sont plus puissantes qu'une armée rangée en bataille.

Deux ans après, au mois d'octobre 1624, Maurice de Nassau fit une seconde tentative contre Anvers. Avec cinq mille fantassins et cinq cents cavaliers, il marche furtivement sur la ville. Deux mille hommes s'avancent silencieusement, pendant la nuit, jusqu'aux fossés du château, y pénétrent avec des barques et des échelles, et se préparent à baisser le pont-levis, avant que les sentinelles aient donné l'éveil. Encore quelques instants, et l'ennemi est dans la place.

Mais, à ce moment, la Mère Anne de Saint-Barthélemy entend à ses côtés une voix pousser des cris plaintifs : c'est celle de sainte Térèse. Elle se lève en hâte, avec toutes les Sœurs, et l'on va se prosterner devant le Très Saint-Sacrement. Là, avec l'accent de l'humilité la plus sincère, elle répète plusieurs fois : « Si ce sont mes péchés, Seigneur, qui attirent votre colère, que le châtiment tombe sur moi seule : je consens à périr, mais épargnez la ville. »

Pendant cette prière, un vent violent souffle soudain sur la cité. Les sentinelles, effrayées, inspectent les défenses, découvrent les barques et les échelles des assaillants, et appellent la garnison qui met rapidement en fuite les agresseurs. La ville est encore une fois sauvée, par la protection de la Bienheureuse, et tout le peuple, instruit de ce qui s'est passé, se répand en actions de grâces.

La Prieure d'Anvers non seulement préservait sa ville, mais elle contribuait parfois au succès des soldats de l'Eglise. Pendant que le maréchal de Tilly, chef de la Ligue catholique, combattait en Allemagne contre les armées protestantes, elle connut un jour, par révélation, qu'il était engagé dans une action décisive. Elle intercède immédiatement pour lui obtenir de Dieu la victoire. Au cours de son oraison, elle voit apparaître une légion de démons, qui s'efforcent de l'empêcher de prier. Elle lutte courageusement contre eux, accentue ses supplications, et ne cesse que lorsqu'elle voit l'heureuse issue de la bataille. Elle annonce alors le triomphe de l'armée catholique, confirmé peu après par les nouvelles officielles.

Le bruit de sa sainteté et de ses miracles se répandit avec éclat. De tous côtés, on lui recommandait les affaires les plus importantes. On estimait comme une bénédiction d'être connu de la Mère Anne et d'avoir part à ses prières. Le roi d'Espagne la fit remercier, en son nom, par l'Infante Isabelle, d'avoir sauvé la citadelle d'Anvers. De son côté, cette princesse appréciait hautement le mérite de la Sainte, et la considérait comme le rempart de ses États. On parlait un jour, devant elle, de doubler la garnison d'Anvers, pour mettre la forteresse à l'abri d'un coup de main. « Pas n'est besoin, répondit la pieuse Gouvernante, de multiplier les défenses : les prières de la Mère Anne valent mieux qu'une armée ». En se rendant à Breda, l'Infante profita de son passage à Anvers pour se recommander aux prières de sa sainte amie. Elle lui fit plusieurs visites et, en la quittant, sollicita à genoux sa bénédiction. Elle lui demanda aussi de bénir, à la porte du monastère, tous les personnages de sa suite, afin de les préserver des dangers de la guerre.

Le prince de Pologne, étant venu rendre visite à la Bienheureuse, la supplia d'écrire, à son intention, sur des parchemins, un certain nombre de sentences religieuses. Il emporta ces précieux autographes, pour les distribuer au roi de Pologne et aux grands de sa cour, comme de salutaires reliques.

Le Pape Paul V professait pour la Prieure d'Anvers une grande estime. Lors du procès de canonisation de sainte Térèse, il avoua qu'aucune déposition ne valait, à ses yeux, celle de la sœur Anne de Saint-Barthélémy, à cause de la netteté, de la précision et de l'exquise saveur qu'elle mettait à raconter les vertus de sa séraphique Mère. Mais Dieu, qui glorifiait ainsi sa servante, voulut l'embellir par de nouvelles épreuves. Il la priva tout à coup de ses faveurs sensibles, et la laissa dans une obscurité et dans des angoisses si grandes qu'elles brisèrent toute son énergie. Dans ce délaissement, sa résignation au bon plaisir du divin Maître faisait toute sa consolation. Impuissante à tout autre désir, elle ne souhaitait que la volonté du Ciel. Parfois pourtant, un court rayon de lumière venait la ranimer et l'encourager à souffrir davantage. On l'entendait alors s'écrier : « Béni soit le Seigneur, qui ne peut nous voir souffrir sans nous consoler. »

Ses désolations intérieures furent révélées à la Mère Catherine du Christ, carmélite du couvent d'Avila. Notre-Seigneur lui fit connaître combien il appréciait la résignation de la Mère Anne de Saint-Barthélémy, et combien il l'aimait, quoiqu'il parût la délaisser ; il lui montra aussi la récompense qu'il destinait à sa haute vertu. Puis, lui dévoilant les souffrances de sa Passion, il exprima le bonheur que lui procurent les amis de sa Croix, et ajouta qu'il préparait à l'âme si aimante de la Sœur Anne une gloire proportionnée à ses sacrifices. Dans une autre révélation, le Sauveur déclara à la même religieuse qu'il réservait à la Mère Anne la couronne du martyre, parce que sa vie avait été un continuel tourment accompagné du véhément désir de mourir pour la foi.

La Mère Catherine du Christ raconta, dans une lettre, ces communications célestes à la Bienheureuse. Celle-ci la reçut dans un moment de désolation, où elle était tentée de croire « qu'il n'y avait plus de Dieu pour elle ». Ce récit encourageant calma son émotion, et elle remercia le bon Maître de cette nouvelle délicatesse à son égard.

Au milieu de ses amertumes, la sainte Prieure conservait sa douceur habituelle, et demeurait toujours le refuge des malheureux. Une novice du Carmel de Valenciennes, qui avait dû renoncer à entrer dans l'Ordre à cause de sa faible santé, vint chercher auprès d'elle lumière et consolation. Anne lui dit d'aller à Gand, et qu'elle y trouverait l'Institut que Dieu lui destinait. Elle lui prédit ensuite un noviciat très éprouvé, couronné d'une joyeuse profession. Elle ajouta : « Lorsque vous ferez vos saints vœux, je serai encore de ce monde; mais, bientôt après, je mourrai .»

La prophétie s'accomplit à la lettre. La jeune fille entra dans un monastère de l'Ordre de Cîteaux, qu'elle ne connaissait pas auparavant ; elle y persévéra malgré les épreuves qu'elle eut à subir pendant sa probation ; elle y prononça ses vœux le jour de la fête de la Trinité, en 1626, à dix heures du matin ; et, ce même jour, à deux heures du soir, la Bienheureuse Anne de Saint-Barthélemy rendait pieusement son âme à Dieu.

CHAPITRE VINGT-CINQUIÈME

DERNIÈRES ANNÉES DE LA MÈRE ANNE. — LES SOINS QU'ON LUI DONNE L'AFFLIGENT. — ELLE TOMBE EN DANGER DE MORT ET REÇOIT DES COMMUNICATIONS DIVINES. — ELLE CONSENT A DEMANDER A DIEU DE PROLONGER SES JOURS. — VIOLENCE HÉROÏQUE QU'ELLE SE FAIT POUR POUVOIR COMMUNIER. — NOUVELLE CRISE DU MAL. — DOULEUR AIGUË A L'ÉPAULE. — PARALYSIE. — DERNIERS SACREMENTS, MORT BIENHEUREUSE. — DEUIL PUBLIC. — ON ACCOURT AUPRÈS DE SA DÉPOUILLE. — FUNÉRAILLES. — DIEU RÉVÈLE SA GLOIRE. — CENT CINQUANTE MIRACLES.

Les deux dernières années de la Mère Anne de Saint-Barthélemy se passèrent dans des souffrances et des maladies presque continuelles. Des infirmités consécutives, provoquées par plusieurs attaques d'apoplexie, lui laissaient espérer la prompte fin de son exil. Le désir du ciel et le dégoût de la terre lui rendaient la vie à charge; avec saint Paul, elle désirait voir son corps se dissoudre, pour aller se réunir à Jésus-Christ. Elle soupirait sans cesse après la céleste patrie, elle en parlait toujours.

Aussi, était-elle importunée par les soins empressés dont on l'entourait. L'Archiduc, l'Infante et toute la cour, alarmés pour sa vie, cherchaient à la prolonger, et lui prodiguaient les plus bienveillantes attentions. Son humilité s'en affligeait. « Hélas ! disait-elle, une pauvre Carmélite ne doit pas faire tant de bruit. » Elle se plaignait au Seigneur des prévenances dont on la comblait et lui répétait souvent : « Mon bon Jésus, tirez-moi d'ici en silence. »

Six mois avant sa mort, la Mère Anne eut une maladie si dangereuse qu'elle eut la joie de se croire à ses derniers moments. Après avoir reçu les sacrements des mains du Père Provincial, elle aperçut les trois Personnes divines, dont la majesté l'impressionna vivement et la jeta dans l'extase. La lumière surnaturelle, qui inonda son âme, lui communiqua une connaissance sublime du mystère de la Sainte-Trinité et de la bonté infinie de Dieu. Quand elle sortit de son ravissement, elle ne cessait de répéter : « Oh ! que Dieu est bon ! »

Quelques jours après, se sentant mourir, elle dit aux Pères Carmes, partant pour le Chapitre général, qu'à leur retour ils ne la trouveraient plus. Son confesseur, affligé de la perte que l'Ordre allait faire, l'invita à prier Notre-Seigneur de la conserver encore. Obéissante jusqu'à sa mort, elle y consentit ; malgré le véhément amour qui la poussait vers Dieu, elle soupira avec une méritoire résignation : « Seigneur, faites de moi selon votre sainte volonté ; je ne désire pas autre chose. »

Le bon Maître agréa ce généreux abandon. Il prolongea les jours de sa servante ; mais ils ne furent plus qu'un martyre. Elle se faisait un

bonheur et un devoir de la communion quoti-
dienne, quand ses souffrances le lui permettaient.
Bientôt ses fréquentes faiblesses pendant la nuit
menacèrent de la priver de l'Eucharistie. Elle s'en
plaignit affectueusement à Jésus, en lui disant :
« Seigneur, en quoi vous ai-je tant offensé, pour
que vous me retiriez cette consolation ? » Le Sauveur, touché de son affliction, lui commanda de
continuer à prendre le céleste aliment, où elle pui-
serait la vie éternelle. Il lui donna, en même temps,
assez de force pour vaincre les obstacles, sans la
tirer de son extrême langueur. La violence qu'elle
se fit pour obéir, est à peine croyable.

Obligée de se lever à trois heures du matin, épuisée, chancelante, tombant à chaque pas, elle était
soutenue par l'ardeur de sa foi et de sa charité.
Elle se traînait à la Table Sainte, se ranimant sans
cesse par ces paroles : « Allons à l'Amour ! »

Cependant le déclin de sa santé annonçait sa fin
prochaine. Le dépérissement progressif de toutes
ses énergies corporelles achevait la purification de
ses sens et de ses organes. Le jeudi d'avant la fête
de la Sainte Trinité, elle fut prise, pendant la nuit,
d'une violente fièvre. Malgré son mal, elle se leva
comme d'habitude pour aller communier, et resta
sur pied jusqu'à cinq heures du soir. Pendant la
journée, elle fit sa confession générale au Père
Prieur des Carmes, et lui avoua que, par la grâce
de Dieu, elle pensait n'avoir jamais commis un
péché mortel. Le médecin appelé constata la fièvre, mais ne pronostiqua pas un danger imminent.
Quand elle se remit au lit, elle éprouva des fris-
sons, et ressentit une terrible contraction dans
l'épaule gauche ; il lui semblait que les os se dé-

boitaient, la souffrance était insupportable. Elle pria une sœur d'y appliquer une relique de sainte Térèse, en prononçant le nom de Jésus. Notre-Seigneur lui fit alors connaître qu'il avait lui-même enduré une douleur pareille, quand il portait sa croix en montant au Calvaire ; cette révélation lui donna la patience.

Le mal continuant ses progrès, le médecin lui défendit de se lever, le matin de la fête de la Sainte Trinité. Elle ne put donc ni communier ni entendre la messe. Elle se dédommage de cette dure privation en s'entretenant de l'adorable Mystère, avec ses compagnes, pendant toute la matinée. Elle parle des divines Personnes avec une ferveur qui transfigure son visage et lui donne une beauté angélique. Les religieuses en sont ravies, et ne doutent point que leur sainte Mère ne soit favorisée de visions surnaturelles. Avant midi, elle fait prier les Pères Carmes et toutes ses religieuses de réciter à son intention un *Ave, Maria.*

Soudain son état empire de façon alarmante : la mort approche. La paralysie atteint la tête, immobilise et tuméfie la langue ; mais la malade manifeste, par des signes, qu'elle jouit encore d'une parfaite lucidité d'esprit. Devant toute la communauté, les Pères lui administrent l'Extrême-Onction, qu'elle reçoit avec grande joie. Elle fait le signe de la croix sur sa bouche et sur sa langue. Puis, ses traits prennent l'expression de l'extase ; son regard illuminé se fixe dans la contemplation d'une apparition céleste. D'après une révélation faite à une religieuse d'Avila, le divin spectacle, qui ravit alors la sainte mourante, c'est l'adorable Trinité entourée d'une multitude de Bienheureux, parmi lesquels saint Joseph et sainte Thérèse, qui l'invitent à entrer dans les demeures éternelles. Enfin, après un quart d'heure de cet ineffable ravissement, dans une tranquillité présage de la paix éternelle qu'elle va goûter, la Mère Anne de Saint-Barthélemy exhale son dernier soupir. C'était le 7 juin 1626, fête de la Très Sainte Trinité, à deux heures du soir. Elle était âgée de soixante-dix-sept ans.

La communauté éclata en sanglots en se sentant privée d'une si sainte Mère, malgré les consolations que leur laissait le spectacle de sa mort bienheureuse. Une des sœurs, qui se jeta à ses pieds, fut aussitôt pénétrée d'un parfum céleste qui se dégageait du saint corps. Cette odeur exquise remplit bientôt la cellule et se répandit ensuite dans tout le monastère, qu'elle embauma pendant le reste de la journée.

La nouvelle de la mort de la Bienheureuse porta le deuil dans toute la Flandre. Les grands et des petits regrettaient en elle leur mère et leur consolatrice. L'Infante supplia qu'on lui remit en souvenir son scapulaire, et elle le conserva comme une relique. La ville d'Anvers pleura sa protectrice. On vint en foule de toute la région, particulièrement de Bruxelles, vénérer ses dépouilles. Pour satisfaire la dévotion publique, les religieuses laissèrent le corps exposé, dans le chœur du monastère, pendant trois jours. Le visage, découvert, gardait une empreinte divine. Chacun voulait avoir quelque chose qui l'eut approchée. Dès le premier jour, on lui fit toucher plus de vingt mille chapelets et images.

Après avoir opéré tant de miracles pendant sa

vie, la Mère Anne en faisait encore après son glorieux trépas. Une jeune fille d'Anvers, Catherine Lignens, était tombée si malheureusement qu'on l'avait relevée mourante. Sa mère vint se prosterner aux pieds de la défunte, lui fit une ardente prière, et, pleine de confiance, revint à la maison, où elle trouva sa fille complètement guérie. Ce prodige, aussitôt divulgué, accrut la ferveur générale.

Les funérailles d'Anne de Saint-Barthélemy furent célébrées en grande pompe. Plusieurs prédicateurs célèbres édifièrent la multitude qui suivait le convoi, en exaltant éloquemment les vertus et les mérites de la sainte Carmélite. Le corps fut inhumé dans le chœur du couvent, près de la grille ; et c'est là qu'est resté jusqu'à ce jour le tombeau de la Bienheureuse. Plusieurs malades guérirent subitement, en buvant de l'eau puisée dans le vase où la sainte carmélite buvait ordinairement et qu'on avait déposé sur le tombeau. On venait en chercher de fort loin.

La gloire de la servante de Dieu fut révélée à plusieurs personnes. La Mère Catherine du Christ, la carmélite d'Avila à qui Dieu avait manifesté les peines intimes de la Bienheureuse, fut avertie surnaturellement de son départ pour le ciel. Elle écrivit au monastère d'Anvers une lettre qui contenait ces paroles rassurantes : « Notre-Seigneur m'a montré, dans l'oraison, la gloire de son épouse. La Sainte-Trinité et tout le Ciel sont venus recevoir cette belle âme, qui passa de cette vie à la jouissance de Dieu, sans aucun intervalle ». La même religieuse disait, dans une autre lettre : « La sainte vie de la Mère Anne de Saint-

Barthélemy ayant été un martyre d'amour, de souffrance et de désir, elle en a reçu la triple couronne ».

Une carmélite d'Anvers, très affligée, invoqua son ancienne Prieure, qui lui apparut dans la gloire, et la consola.

L'on venait de toutes parts au Carmel d'Anvers demander des reliques : elles opéraient d'innombrables prodiges. Le démon lui-même était contraint de les respecter, et s'enfuyait devant elles. Plusieurs possédés, réfractaires aux exorcismes, furent délivrés à la simple application d'objets sanctifiés par le contact de la servante de Dieu.

En quelques années, on put enregistrer cent cinquante miracles officiellement constatés et authentiqués par les soins de Mgr l'évêque d'Anvers, en vue d'une information canonique.

Parmi ces faits surnaturels, attribués à l'intervention de la Mère Anne de Saint-Barthélemy, le Souverain Pontife vient de choisir les deux miracles qui lui ont enfin valu les honneurs de la béatification.

CHAPITRE VINGT-SIXIÈME

LE PROCÈS
DE BÉATIFICATION

L A Mère Anne de Saint-Barthélemy mourut le 7 juin 1626. Deux ans ne s'étaient pas écoulés que sa cause était introduite près du Saint-Siège. Après avoir obtenu, du pape Urbain VIII, ce qu'on appelle la *Signature de la Commission*, on demanda les *Lettres rémissoriales*, pour commencer le procès apostolique sur la *Renommée de sainteté en général*. Ce procès, terminé en 1635 et porté à Rome, fut discuté et approuvé. On travailla ensuite, au nom du Saint-Siège, à l'examen des vertus et des miracles en particulier. Mais, sur ces entrefaites, on modifia la procédure des causes de béatification, et ce n'est qu'un siècle plus tard, en 1735, que Clément XII proclama l'*héroïcité des vertus* d'Anne de Saint-Barthélemy.

Le décret de Clément XII.

Le décret du pape Clément XII, sur l'héroïcité des vertus de la Mère Anne, est daté du 29 juin 1735.

En voici la teneur :

« On a examiné plusieurs fois, dans les réunions anti-préparatoires de la S. C. des Rites et dans une réunion préparatoire, la cause de Béatification et de Canonisation de la Vénérable servante de Dieu, sœur Anne de Saint-Barthélemy, carmélite déchaussée et compagne de sainte Térèse, et on a proposé le doute suivant : *Est-ce qu'il conste des vertus théologales et de leurs annexes à un degré héroïque, dans le cas?...*

» Enfin, le 7 juin de la présente année, s'est tenue, devant N. S. Père le Pape Clément XII, l'autre réunion générale de la S. C. des Rites. Le révérendissime cardinal de Gentili a proposé, au nom du révérendissime cardinal Cybo, Rapporteur de cette cause, le doute susdit. Mais après avoir recueilli les suffrages des consulteurs et des Eminentissimes Cardinaux, Sa Sainteté a cru bon de ne rien décréter pour ce jour, et de différer son jugement, afin d'implorer tout d'abord les lumières du Ciel et de demander à Dieu ce qu'il faut décider dans une affaire si importante.

» Puis, le jour de saint Pierre, prince des Apôtres, N. T. S. Père le Pape ayant appelé, avant midi, dans ses appartements du Palais apostolique du Quirinal, le R. P. Louis de Valenti, Promoteur de la foi, et moi soussigné, secrétaire de la S. C. des Rites, m'a commandé de promulguer la *réponse affirmative* au doute proposé, à savoir : *qu'il conste que la vénérable servante de Dieu, Anne de Saint-Barthélemy, a pratiqué les vertus théologales de foi, espérance et charité et les vertus cardinales de prudence, justice, force, tempérance et leurs* annexées, *à un degré héroïque* et pour l'effet dont il s'agit.

» Le 29 juin 1735. »

Le décret de Benoît XV, sur les miracles.

Les vertus de la Mère Anne de Saint-Barthélemy furent déclarées héroïques en 1735. Puis il se fit un silence de près de deux siècles, qui a été rompu enfin par le décret de Sa Sainteté Benoît XV, sur l'authenticité des miracles.

Le 25 février 1917, premier dimanche de carême, dans la salle consistoriale du Vatican, devant une nombreuse assemblée de dignitaires ecclésiastiques et laïques, en présence de l'ambassadeur d'Espagne et du ministre plénipotentiaire de Belgique, sous la présidence de Benoît XV, Mgr Verde, secrétaire de la Congrégation des Rites, lut le décret approuvant deux miracles de la Sœur Anne de Saint-Barthélemy. En voici quelques extraits :

« Qu'est-ce que fut la sœur Anne de Saint-Barthélemy ? Quelles sont les vertus qui ont brillé en elle ? Celui qui veut le savoir exactement ne saurait être mieux renseigné que par la célèbre Vierge d'Avila elle-même, sainte Térèse ; elle a vécu dans son intimité ; elle a partagé ses épreuves et ses travaux.

» Aussi, comme il n'est pas facile de les séparer l'une de l'autre, le Décret apostolique qui concerne la fille spirituelle, semble en même temps regarder d'une certaine manière sa mère et maîtresse.

Or, parmi les belles sentences, remplies d'une sagesse céleste, que celle-ci a prononcées, se trouve surtout la suivante : *Dieu seul suffit.* Cette parole s'applique parfaitement à notre temps. Car, au milieu des chagrins, des ruines et des carnages, elle va jusqu'à la racine de maux si nombreux et la met à découvert ...

» Mais le Réparateur du genre humain, Jésus-Christ, qui sait adapter le remède aux circonstances, a disposé le cours des choses d'une manière merveilleuse. Il s'agit de la guérison de deux maladies mortelles, qui s'attaquaient l'une à la tête ou cerveau, l'autre aux intestins. Ces guérisons, bien qu'opérées depuis deux ou trois siècles, viennent d'être tirées de l'oubli du temps, étudiées à la lumière de la science médicale actuelle, et publiées, comme pour montrer que tout d'abord l'esprit des mortels se guérit en répudiant les erreurs, afin qu'ensuite la vie puisse se répandre dans tout le corps et dans tous ses membres.

» En réalité, les preuves sur lesquelles s'appuient les deux faits, bien loin d'être vieillies ou dépourvues de force, sont demeurées les mêmes qu'à l'époque où le procès eut lieu tout d'abord. A peine trois ou cinq ans s'étaient écoulés, depuis que les deux guérisons avaient eu lieu, grâce à l'intercession auprès de Dieu de sa fidèle servante, la Vénérable Anne de Saint-Barthélemy. On put donc entendre et examiner les témoins oculaires, entr'autres ceux qui avaient été guéris, le Père Léopold et la Reine de France, leurs médecins et les autres qui avaient vu de leurs propres yeux les faits, tels qu'ils s'étaient passés. Aussi les mêmes preuves que l'on a recueillies en temps opportun, conforinc ment à ce qui est prescrit lorsqu'il s'agit de miracles, nous les avons sous la main comme alors; elles font connaître clairement, d'après les actes du procès et l'avis des hommes de l'art, qu'il y eut dans l'un et l'autre cas un vrai prodige.....

» Or, afin que la vérité sur les deux miracles proposés fût claire et évidente à tous, même à ceux qui ignorent la médecine, il a été sérieusement et longtemps discuté sur ce point ; d'abord dans une Congrégation anti-préparatoire ; secondement et troisièmement dans deux Congrégations préparatoires ; quatrièmement enfin, dans une Congrégation générale, le trente du mois de janvier dernier, en présence de N. T. S. Père le Pape Benoit XV. Dans cette dernière Congrégation, le Révérendissime Cardinal Antoine Vico, Rapporteur de la Cause, a proposé la discussion du doute suivant : *Est-ce qu'il conste de miracles dans le cas et pour l'effet dont il s'agit, et quels sont-ils ?* Les Révérendissimes Cardinaux et les Pères Consulteurs ont donné, chacun à tour de rôle, leurs suffrages. Mais notre Très Saint Père le Pape a cru bon, comme de coutume, de réserver son jugement suprême, afin que lui et ceux qui étaient présents eussent le temps d'implorer l'assistance et la lumière du Père des lumières.

» Or, aujourd'hui premier dimanche de Carême, après avoir célébré très dévotement la Sainte Messe, il a appelé près de lui le Révérendissime Cardinal Antoine Vico, évêque de Porto et de Sainte-Rufine, Pro-Préfet de la Sacrée Congrégation des Rites et Rapporteur de la cause, ainsi que le R. P. Angelo Mariani, Promoteur de la Foi, et moi secrétaire, soussigné, et en notre présence, il a prononcé solennellement : *Qu'il conste des deux miracles proposés, c'est-à-dire tout d'abord de la guérison instantanée et parfaite du P. Léopold de Saint-Jean-Baptiste, d'un abcès chronique du cerveau, avec complication de symptômes graves d'une hyperémie méningée ; et en second lieu de la guérison parfaite et instantanée de Marie, Reine de France, d'une fièvre typhoïde qui durait depuis longtemps, et de la restitution instantanée de ses forces.*

» Il a recommandé ensuite de publier ce décret et de le consigner dans les actes de la Sacrée Congrégation des Rites.

» Le 5 des Calendes de mars 1917. »

Le compliment du général des Carmes.

Après la lecture du décret approuvant les deux miracles, le T. R. P. Clément des Saints-Faustin et Jovite, Préposé Général des Carmes déchaussés, adressait à Sa Sainteté Benoît XV un compliment, dont nous reproduisons ce qui suit :

« Très-Saint-Père,

» C'est l'âme remplie d'une sainte joie et le cœur pénétré de la reconnaissance la plus profonde envers votre Sainteté, que nous avons entendu le décret approuvant les deux miracles, qui, comme on l'assure, ont été opérés par Dieu, à l'intercession de notre Vénérable Mère, Anne de Saint-Barthélemy, Carmélite déchaussée.....

» Cette âme d'élite a correspondu avec tant de fidélité à la grâce divine dont elle fut prévenue, qu'on la voyait, dès ses plus tendres années, grandir de jour en jour dans les plus solides vertus. Appelée par une lumière supérieure à la vie religieuse, elle revêtit le saint habit de sœur converse du Carmel réformé par Notre Mère Sainte-Térèse de Jésus. Ses délices étaient de pratiquer l'humilité, la piété, comme de se dévouer aux offices les plus bas et les plus fatigants.

» Le jour de sa profession religieuse, où elle se donna au Roi des Vierges, elle se consacra d'une façon si complète à la gloire et à l'amour de son divin Epoux que toutes ses pensées et affections étaient pour lui. Elle fut choisie plus tard par sainte Térèse comme sa compagne et sa confidente. Elle eut donc sans cesse sous les yeux cet exemple et ce modèle de perfection religieuse. Aussi, à la ferme résolution qu'elle prenait de s'y conformer, elle ajoutait une application constante à l'imiter. Elle se flattait par là d'être de plus en plus agréable et semblable à Jésus-Christ. Qui pourra dire les progrès admirables qu'elle faisait dans toutes les vertus ? Voilà pourquoi sainte Térèse elle-même lui dit un jour : « Oh ! sœur Anne, sœur Anne, vous accomplissez les œuvres d'une sainte, tandis que moi je n'en ai que le nom.»

» Elle fut très fidèle à suivre tous les points de la Règle et toutes les observances de l'Ordre ; mais elle s'appliqua spécialement à celle qui en est le pivot, c'est-à-dire à l'Oraison...

» Sa charité pour les sœurs, et spécialement les malades, était extraordinaire. Elle ne pensait jamais mal de ses compagnes ; elle avait toujours une bonne parole pour chacune d'elles ; elle ne leur adressait point de reproches. Pleine d'indulgence pour toutes, elle les secourait toutes, sans

autre vue que Dieu et la récompense éternelle..
Elle savait que personne ne lui représentait mieux
son Dieu que les chefs de l'Eglise, les supérieurs
de son Ordre et toutes les personnes qui avaient
quelque autorité sur elle ; elle les aimait et leur
obéissait au moindre signe, comme à Notre-
Seigneur lui-même, avec allégresse, empressement
et précision. Aussi était-elle pour tous un objet
d'admiration et de joie, comme elle l'est pour
nous et pour tous ceux qui la connaissent. Il en
sera de même pour tous ceux qui la connaîtront,
puisque Votre Sainteté, comme nous l'espérons,
daignera l'inscrire sous peu au catalogue des
Bienheureux et la placer sur le candélabre, afin
qu'elle illumine de son admirable lumière tous
ceux qui sont dans la maison bénie de Dieu et
dans le sein de notre mère la sainte Eglise catholique, apostolique et romaine. »

La réponse du Saint Père.

Sa Sainteté Benoit XV daigna répondre au P. Général des Carmes déchaussés par un long discours,
dont nous détachons quelques passages :

« Nous nous associons sincèrement à la joie
qu'éprouvent aujourd'hui les enfants de l'Ordre
du Carmel, à cause de l'approbation solennelle des
deux miracles que Dieu a opérés à l'intercession
de la vénérable Anne de Saint-Barthélemy. Nous
y sommes mus par des raisons personnelles et par
des motifs qui ne sont pas étrangers à Notre
Dignité.

» Nous ne voulons pas Nous attarder à rappeler les liens que, dès Nos plus jeunes années et dans Notre doux pays natal, Nous avons formés avec les membres de l'Ordre Térésien. L'estime peu commune que Nous leur avons donnée pour ce motif, serait suffisante par elle-même pour déterminer Notre participation à cette joie qu'exprimait tout à l'heure, au nom de tous les enfants de l'Ordre si méritant du Carmel, celui qui en est le digne chef. Mais, comment passer sous silence ce souvenir qui ne cesse jamais d'être présent à Notre esprit, et qui aujourd'hui devient plus doux et plus suave, ce souvenir d'une visite que Nous fîmes, à la fin de notre séjour en Espagne, au monastère d'Albe de Tormès ? Bien qu'il y ait plus de trente ans écoulés depuis lors, Nous Nous rappelons, comme si c'était hier, les suaves émotions que nous avons éprouvées devant la précieuse relique du cœur transpercé de sainte Térèse. Oh ! quel cœur ! Il montre bien que l'esprit de la grande réformatrice du Carmel demeure toujours au milieu du peuple chrétien et partage Nos joies et Nos tristesses. Il nous semble que cette précieuse relique devrait être entourée de petites fleurs qui attestent la satisfaction que sainte Térèse éprouve à voir que sa fidèle compagne, Anne de Saint-Barthélemy, va bientôt recevoir les honneurs réservés aux Bienheureux.

» Les filles de Sainte Térèse qui, pour nous intéresser au bien de leur Ordre, Nous ont rappelé tant de fois notre visite au tombeau de leur sainte Mère, ne s'uniront-elles pas à Nous et à tous les enfants de la Réforme du Carmel, pour remercier le Seigneur de ce qu'Il se sert de Notre pauvre

Personne pour hâter l'honneur des Bienheureux à l'une de leurs Sœurs ?

» Mais, outre les motifs personnels que Nous avons de Nous unir à la joie qu'éprouve aujourd'hui l'Ordre des Carmes Réformés de la Bienheureuse Vierge Marie du Mont-Carmel, Nous y sommes pressé par des raisons propres à l'excellence de la dignité dont Nous sommes revêtu, sans mérite de notre part. La sollicitude que Notre sublime ministère Nous impose pour le bien du troupeau qui nous est confié, Nous fait un devoir de désirer que les Ordres religieux, si utiles au peuple chrétien, puissent se développer toujours davantage. Pour atteindre un but si désirable, il faut mieux connaître les mérites de ces Ordres religieux. Or, les miracles que Dieu accomplit à l'intercession d'un de ses fidèles serviteurs, ne sont-ils pas la preuve qu'il donne de la vertu de ce serviteur privilégié ? Les prodiges que le Seigneur opère à l'intercession d'un membre d'une famille déterminée ou d'un religieux d'un Ordre en particulier, ne sont-ils pas la marque évidente qu'il regarde avec complaisance cet Ordre religieux et cette famille ?.....

» Toutefois, si Nous ne pouvons, faute de temps, montrer en ce moment combien est utile à toute l'Eglise le développement des Ordres monastiques, Nous sommes heureux de déclarer que Notre joie aujourd'hui vient précisément du ferme espoir que Nous avons que l'Ordre Térésien, étant mieux connu et plus répandu, sera une source de bien, non seulement pour quelques individus mais encore pour tout le peuple chrétien. Il suffit pour cela, en effet, de considérer le caractère propre de l'Ordre du Carmel. Qui ne le découvre dans cet esprit d'oraison qui a assuré pour toujours à sainte Térèse le titre de Séraphin du Carmel et qui doit être, d'après sa volonté formelle, le guide de ses filles, comme il le fut d'elle-même ? N'est-ce pas ce qu'elle a montré au milieu des peines et des travaux de ses nombreuses fondations ?

» Cet esprit d'oraison, la Sœur Anne de Saint-Barthélemy l'a appris directement de sa Bienheureuse Mère, dont elle fut la compagne inséparable plusieurs années, dont elle reçut les plus intimes confidences et recueillit le dernier soupir. Avec quelle sûreté et jusqu'à quelle profondeur la sœur Anne de Saint-Barthélemy n'a-t-elle pas appris de sa Bienheureuse Mère, à reproduire en elle-même le caractère propre de l'Ordre du Carmel ? C'est ce que démontrent bien les témoignages de profonde vénération dont elle a été l'objet, après la mort de sainte Térèse, d'abord en Espagne, puis en France et en Flandre.....

» Le souvenir de l'Ordre insigne auquel appartient celle dont Dieu s'est servi pour accomplir deux guérisons parfaites et instantanées de maladies déclarées incurables, Nous ravive la pensée de l'esprit d'oraison......

» Peut-être quelqu'un voudra-t-il insinuer que c'est là une pensée personnelle aux religieux et aux religieuses, car on ne voit pas bien encore l'utilité qui peut résulter de l'esprit d'oraison pour la plupart des hommes, et en particulier pour ceux qui se trouvent dans le tourbillon du siècle ou s'agitent au milieu des affaires, du commerce et de l'industrie.....

» Certainement personne parmi vous, très chers

Frères, ne pense que l'esprit d'oraison impose l'obligation de faire continuellement ou trop fréquemment des prières vocales. Vous savez tous que cet esprit d'oraison consiste surtout dans l'union de l'âme à Dieu. Personne n'ignore qu'une telle union s'opère par les pensées de l'esprit et les affections du cœur. Mais, afin qu'aucun obstacle inutile ou déraisonnable ne s'oppose à la diffusion de l'esprit d'oraison, vous, qui en connaissez déjà la valeur, répandez-le de votre mieux ; faites-le estimer aussi des autres ; répétez qu'il n'a nullement pour but de nous enlever à nos études et à nos occupations, mais qu'il n'a d'autre prétention que de sanctifier les unes et les autres, en dirigeant toutes nos œuvres à la gloire de Dieu. Dites aussi que, de même que la colombe doit toujours, pour ne point perdre la blancheur de ses ailes, soutenir son vol sans chercher de repos sur la fange de la terre, ainsi l'âme chrétienne doit, pour se conserver pure, vivre dans la région où ne pénètre point l'air empoisonné du siècle. Et quoi de plus propre que l'esprit d'oraison, pour empêcher les miasmes de la terre de monter jusqu'aux régions de l'âme !... »

Lettre du T. R. P. Général des Carmes.

Le même jour, 25 février, le T. R. P. Clément des Saints Faustin et Jovite, Préposé Général des Carmes déchaussés, annonçait, dans une circulaire, l'heureux événement aux religieux et religieuses de son Ordre, et leur disait entre autres choses :

« *Béni soit Dieu, qui est aussi le Père de Notre-Seigneur Jésus-Christ, le Père des Miséricordes et le Dieu de toute consolation* (II Cor. 1, 3), qui daigne nous accorder une consolation et une joie extraordinaire, au milieu des douleurs et des angoisses si nombreuses et si profondes dont nous sommes accablés par l'horrible cataclysme que nous traversons ! La veille des nones de mai de la présente année, Notre Très Saint Père le Pape, Benoît XV, décernera les honneurs célestes à la Vénérable Anne de Saint-Barthélemy, religieuse insigne de notre Ordre, et la mettra au rang des Bienheureuses.

» Voilà pourquoi nous nous réjouissons ; voilà pourquoi nous faisons entendre la voix de notre jubilation. Vous savez tous combien nous devons honorer et vénérer cette vierge, qui a été la compagne intime et ordinaire de notre Mère Sainte Térèse de Jésus, qui l'a servie jusqu'à son dernier soupir, et qui a hérité de son double esprit séraphique, l'amour de Dieu et le zèle pour la gloire de Dieu et le salut des âmes...

» Tout en vous faisant part de l'heureuse nouvelle de cette solennité, nous vous invitons à rendre grâce à Dieu pour une telle faveur : *Grâces soient rendues à Dieu pour son don ineffable* (II Cor. IX, 15), spécialement dans les solennités qui seront célébrées partout dans les églises de Notre Ordre, avec la plus grande joie spirituelle, à partir du jour de la Béatification, lorsqu'on le pourra. »

Le Décret de Béatification.

Enfin, le 13 mars 1917, la Sacrée Congrégation des Rites, réunie au complet, votait à l'unanimité que l'on pouvait procéder *sûrement* à la Béatification solennelle de la Vénérable. Le 25 mars, dimanche de la Passion, le Souverain Pontife donnait sa haute approbation à ce vote et ordonnait d'en publier le Décret, dont voici la conclusion :

« Quand, à la réunion générale de cette Sacrée Congrégation qui eut lieu le 13 du présent mois de mars, en présence de Notre Très Saint-Père le Pape, le Révérendissime Cardinal Antoine Vico, Rapporteur de la Cause, proposa le doute suivant : *Est-ce que, vu l'approbation des vertus et des deux miracles, on peut procéder sûrement à la Béatification solennelle de la Vénérable servante de Dieu, sœur Anne de Saint-Barthélemy ?* tous ceux qui étaient présents, Révérendissimes Cardinaux et Pères Consulteurs, répondirent à l'unanimité qu'on le pouvait sûrement. Le Saint-Père toutefois, sans omettre de manifester qu'il attendait le jour solennel prochain où il sera permis d'attribuer à cette très fidèle compagne de sainte Térèse le nom et le culte des Bienheureux et que, pour ce motif, il lui était agréable que lui et le peuple chrétien aient près de Dieu une nouvelle suppliante décorée d'un si beau titre, a jugé bon de différer encore la sentence définitive du Décret, afin d'implorer plus instamment le secours et les lumières de la sagesse divine.

» Or aujourd'hui, dimanche de la Passion , après avoir célébré très religieusement la Sainte Messe, Il a voulu appeler, au palais du Vatican, le Révérendissime Cardinal Antoine Vico, évêque de Porto et Sainte-Rufine, Pro-Préfet de la Sacrée Congrégation des Rites et Rapporteur de la Cause, ainsi que le R. P. Angelo Mariani, Promoteur de la Foi, et moi, secrétaire soussigné, et, en notre présence, a décrété solennellement : *qu'on peut procéder sûrement à la Béatification solennelle de la Vénérable servante de Dieu, sœur Anne de Saint-Barthélemy.*

» Il a ordonné de publier ce Décret, de l'insérer dans les actes de la Sacrée Congrégation des Rites et d'expédier des Lettres Apostoliques en forme de Bref pour la solennité de la Béatification, qui aura lieu, dès qu'on le pourra, dans la Basilique Vaticane.

» Le 8 des calendes d'avril 1917. »

CHAPITRE VINGT-SEPTIÈME

DEUX MIRACLES
D'ANNE DE SAINT-BARTHÉLEMY

Voici le récit des deux miracles qui ont valu à la Mère Anne de Saint-Barthélemy les honneurs de la Béatification :

Guérison du Père Léopold
de Saint-Jean-Baptiste.

Le R. P. Léopold de Saint-Jean-Baptiste était un Carme déchaussé du couvent d'Anvers.

Ce religieux, ayant ouvert imprudemment sa fenêtre durant l'hiver de 1630, vint à tomber malade. Le médecin ne découvrit d'abord qu'une simple influenza, et prescrivit les remèdes qu'il crut opportuns. Le mal sembla céder au bout de quelques jours, sans que le patient toutefois recouvrât la santé. La douleur de tête, qui avait été très violente dès le début, avait disparu. Mais bientôt il survint un mal plus grave à l'oreille droite, avec suppuration et épanchement sanguin ; cet épanchement dura plusieurs mois ; enfin une otite se déclara.

Au commencement de septembre 1631, le flux de sang cessait, mais les douleurs de tête devenaient si violentes que le malade ne pouvait ni dormir ni prendre le moindre repos. Il commença dès lors à circuler comme un dément dans tout le monastère, sans s'arrêter ni le jour ni la nuit. Enfin, le 25 septembre, il était brisé de fatigue et tombait sans connaissance. Il eut le délire toute la journée, et ce ne fut que grâce aux remèdes les plus énergiques qu'on put le ramener à lui. Il avait une méningite. La fièvre était violente et les vomissements fréquents. Les médecins recommandèrent de lui donner le Saint Viatique. Mais comme la fièvre, les vomissements, le délire et les douleurs de tête ne cessaient plus, on dut se contenter de lui administrer l'Extrême-Onction.

Le 28 septembre, le malade, se sentant mieux, descendit à l'église faire la sainte Communion. Le mieux n'était qu'apparent. Dès le lendemain, le mal revenait avec une violence plus grande que précédemment. Le pauvre patient ne pouvait même plus se mouvoir sans le secours d'autrui. Aussi les médecins désespérèrent complètement de le sauver. Le malade suivit alors le conseil de son confesseur. Il tourna ses regards vers le Ciel et commença à implorer le secours de Dieu, par l'intercession de la vénérable Anne de Saint-Barthélemy, avec l'intention de lui faire une neuvaine. Mais, au bout du troisième jour, il dut, sous la violence du mal, interrompre ce pieux exercice. On chargea même deux Frères de Saint-Alexis de le lier pour prévenir tout accident fâcheux.

Quand le malade se vit lié et dans l'impossibilité de se mouvoir du lit, il éprouva des douleurs poignantes, et se crut arrivé à sa dernière heure, si Dieu ne le délivrait par un miracle. Il eut alors comme le pressentiment que la Mère Anne de Saint-Barthélemy pourrait lui obtenir de Dieu la grâce d'une guérison complète. Il fit donc le vœu de continuer la neuvaine, s'il guérissait, et d'aller visiter le tombeau de la Vénérable, en action de grâces. Son vœu était à peine fait, qu'il lui sembla perdre d'une manière presque complète le sentiment. Puis, tout à coup, il revint complètement à lui, et se vit libre de tous ses liens et de toutes ses attaches. Il était guéri. Un double miracle s'était opéré, car les liens, dont il était précédemment attaché, étaient intacts avec leurs nœuds, et il en était délivré sans les avoir ni coupés ni rompus.

Lui, qui quelques instants auparavant était moribond, se sentait revenu à la santé ; lui, qui avait enduré d'atroces souffrances, n'en ressentait plus aucune ; il était plein de vie et avec toutes ses forces. Persuadé de la grandeur du miracle dont il était l'objet, il se mit à chanter, à haute voix et de tout son cœur, les psaumes les plus appropriés qui lui revenaient à la mémoire, afin de glorifier la puissance de Dieu et de lui rendre grâce pour un tel bienfait.

On était au milieu de la nuit ; tous les religieux reposaient dans leurs cellules, sauf un seul qui veillait pour lui porter secours en cas de nécessité. Il l'appelle et le prie d'aller chercher de suite le Père Tiburce de Saint-Nicolas. Ce père, tout stupéfait, écoute le récit du miracle et en contemple la réalité de ses propres yeux. Il veut aller réveiller la Communauté et l'inviter à voir le prodige. Mais le miraculé l'en empêche, en disant qu'il a déjà songé à ce qu'il faut faire. Il ira, à cinq heures du matin, au chœur faire l'oraison avec la Communauté, afin que tous voient le miracle et en rendent grâce au Seigneur. Il passe le reste de la nuit dans l'attente de l'heure fixée, car la joie de son âme l'empêche de dormir.

A quatre heures du matin, il entend sonner. Persuadé qu'il est cinq heures, il se lève et se rend au chœur. Comme tout est encore dans le silence et dans l'obscurité, il reconnaît qu'il s'est levé trop tôt et reste en actions de grâces devant le Très Saint-Sacrement. A cinq heures, c'est lui-même qui sonne la cloche ; puis il va à sa place au chœur. Le supérieur et les religieux, en entrant au chœur, sont stupéfaits de le voir là ; ils s'imaginent qu'il est encore dans le délire et qu'il a réussi à sortir de sa cellule, après avoir rompu ses liens et sa camisole de force. Aussi le supérieur lui commande d'y retourner et de se reposer. Le Père Léopold lui répond humblement qu'il est tout à fait guéri. Mais le supérieur ne veut pas le croire ; il lui commande donc, en vertu de la sainte obéissance, de se retirer à sa cellule et prie un religieux de l'accompagner.

Le Père Léopold se soumet. Quand l'heure de l'oraison est terminée, les religieux, préoccupés, vont à sa cellule pour savoir ce qui s'est passé. Tous entendent le récit du miracle et en constatent la réalité ; tous voient que les liens et les cordes qui avaient servi à attacher le malade sont intacts.

Le bruit d'un si grand miracle se répand de

suite dans toute la ville. Le médecin du Père accourt immédiatement pour voir ce qu'il ne peut croire. Les Frères de Saint-Alexis, qui avaient attaché le malade, arrivent à leur tour ainsi que les amis de la Communauté, qui croyaient le malade à la mort. Tous, convaincus par l'évidence des faits, proclament le miracle.

Quant au Père Léopold, il se dirige vers l'église des Carmélites pour accomplir son vœu au tombeau de la vénérable Anne de Saint-Barthélemy. Après avoir remercié sa sainte bienfaitrice, il célèbre la Sainte Messe. De là, il se rend chez l'évêque, pour lui raconter tous les détails du miracle. Il ne rentra à son couvent qu'après midi ; et, bien qu'il fût resté à jeun, il se sentait fort et sans fatigue. Il se mit à table pour prendre son frugal repas, et lui, qui depuis longtemps pouvait à peine garder un peu de nourriture, put manger comme s'il n'avait jamais été malade.

Tels sont les faits qui ont été confirmés par de nombreux témoins et surtout par le jugement de Notre Mère la Sainte Eglise.

Guérison de la reine Marie de Médicis.

En 1633, la Reine Marie de Médicis, veuve de Henri IV, tombait gravement malade à Gand. Les médecins constatèrent qu'elle avait une fièvre maligne. C'était, disent les docteurs modernes, une fièvre typhoïde. Durant quarante-cinq jours, le mal qui la minait ne lui laissa aucun repos.

La Sérénissime Infante Isabelle, Gouvernante des Pays-Bas, qui s'intéressait beaucoup à sa santé, appela non seulement les meilleurs médecins des Flandres, mais encore ceux du roi de France. Comme la violence du mal surpassait leur science, les docteurs s'avouèrent impuissants à sauver la Reine.

Or, la Mère Éléonore de Saint-Bernard, qui avait connu intimement la Bienheureuse, et exerçait alors la charge de Prieure à Gand, apprit que la Reine-Mère était désespérée des médecins. Elle lui envoya un manteau de la Mère Anne de Saint-Barthélemy et lui recommanda de s'en couvrir, avec la confiance ferme que Notre-Seigneur lui accorderait la santé, par l'intercession de sa fidèle servante. La pieuse Reine accepta avec reconnaissance le conseil qui lui venait du Ciel. Cependant, en mettant sur elle le manteau de la servante de Dieu, elle se sentit si mal qu'elle se crut arrivée à son heure dernière. Elle dit à sa femme de chambre : « Salvaggia, qu'est-ce que j'éprouve ! Ce miracle va m'emporter dans l'autre monde ! » La bonne vieille Salvaggia répondit : «Ayez confiance, chère Madame ; j'ai entendu dire que les Saints commencent toujours par aggraver le mal avant de le guérir ».

Quelques instants après, la Reine s'endormait profondément. Au bout de trois heures, elle se réveillait en s'écriant : « Salvaggia, je suis guérie ! » Les médecins, qui attendaient qu'elle se réveillât, entrent aussitôt, ils découvrent qu'elle n'a plus de fièvre, et que le pouls est normal. Aussi, ils sont les premiers à publier le miracle. La Reine manifeste le désir de faire une promenade en ville, et elle annonce partout le prodige dont elle a été favorisée.

Marie de Médicis ne fut pas ingrate envers Anne de Saint-Barthélemy. Elle se rendit à Anvers pour révérer la dépouille mortelle de sa bienfaitrice. Désireuse de voir le saint corps, elle vint au Carmel en secret, accompagnée seulement de trois princesses, pour ne pas attirer la foule. Devant elle, on ouvrit le tombeau. La reine s'agenouilla, et fut tellement charmée de la beauté du visage de la Bienheureuse, qu'elle resta, pendant deux heures, abîmée dans un doux recueillement, que personne n'osa interrompre. Elle fit prendre ensuite les dimensions des précieuses reliques, afin de les déposer dans une châsse d'argent. Sur le couvercle, elle donna ordre de graver des médaillons représentant son propre portrait, celui des religieuses du monastère, et les principaux traits de la vie de la Mère Anne.

La reine travailla aussi avec ardeur à glorifier la Servante de Dieu. Elle écrivit au Pape Urbain VIII, pour le supplier de la canoniser ; elle assurait Sa Sainteté que cette faveur serait la plus grande consolation qu'elle pût goûter en ce monde. Le Souverain Pontife accueillit favorablement ce désir. Il ordonna à l'archevêque de Malines, et aux évêques de Gand, de Bois-le-Duc et d'Anvers, de faire les informations canoniques sur la vie et les miracles de la Mère Anne de Saint-Barthélemy.

La reconnaissance de Marie de Médicis s'étendit jusqu'au delà de la tombe. En effet, dans son testament, elle exprima la volonté de voir son fils, le roi Louis XIII, consacrer ses soins à faire honorer et glorifier la sainte Carmélite.

CHAPITRE VINGT-HUITIÈME

LA BÉATIFICATION
D'ANNE DE SAINT-BARTHÉLEMY

Les Préparatifs
à la Basilique de Saint-Pierre.

C'EST le 6 mai 1917. La basilique de Saint-Pierre, de Rome, déjà si belle dans son blanc et grave vêtement de marbre, ajoute à sa parure habituelle quelques ornements. Elle prend, en l'honneur de la nouvelle Bienheureuse, un air de fête où la grâce s'unit à la majesté. Au premier pilier de droite, au dessus du bénitier, la statue de sainte Térèse, enguirlandée de roses fraîches, semble, sous le reflet d'une couronne de lampes électriques, sourire aux visiteurs qui viennent assister au triomphe de sa fille chérie. Un peu plus loin, Saint-Pierre a revêtu, par-dessus ses habits de bronze, les ornements pontificaux ; les pèlerins, en baisant les pieds du prince des Apôtres, admirent les fils d'or de sa chape et les diamants de sa tiare. Depuis l'entrée du transept, — dont la Confession surmontée, bien haut dans les airs, de son baldaquin et, plus haut

encore, de sa prodigieuse coupole, occupe le centre — jusqu'au fond de l'abside, où se dresse la
chaire de Saint-Pierre que soutiennent, géants de
bronze, les quatre Docteurs, les piliers et les murs
sont ornés, de la base à la corniche, de riches étof-
fes de damas rouge, galonné d'or.

A droite et à gauche de l'abside, deux étendards
peints se déploient sur les tentures de pourpre, qui
ferment les arcs latéraux. Ils représentent les deux
miracles qui ont valu à la vénérable sa béatification. Ils offrent un frappant contraste. A droite,
une pauvre cellule monacale ; deux personnages
seulement, deux Carmes, dont l'un, qui vient d'ouvrir la porte pour entrer, s'arrête, saisi de stu-
peur, à la vue de l'autre qui, debout près de son
lit, tend les bras reconnaissants vers l'image de la
Bienheureuse. C'est la guérison du P. Léopold de
Saint-Jean-Baptiste, survenue à Anvers, en 1630.
Atteint d'abcès cérébral et d'otite, en proie à des
délires violents, les pieds et les mains solidement
attachés par des cordes qui se croisaient sur sa
poitrine, il attendait la crise qui devait l'emporter,
quand, ayant invoqué avec ferveur la Mère Anne,
il se trouve guéri.

En face, une scène bien différente. Au lieu d'une
cellule nue et d'un pauvre lit, une chambre aux
meubles dorés, un lit aux couvertures richement
brodées entre des rideaux de soie. La reine de
France, Marie de Médicis, debout, l'air radieux,
reçoit ses médecins et les personnages de la cour,
dont le visage manifeste la plus vive surprise, et
leur explique comment, s'étant enveloppée, le soir,
du manteau de la Mère Anne, elle s'est endormie
profondément, pour se réveiller, le matin, entière-

ment guérie de la fièvre typhoïde qui faisait craindre pour ses jours. Ceci arriva à Gand, l'an 1633.

L'illumination est élégante et discrète. Des lus-
tres électriques doublent d'un arc de feu la haute
arcade, qui traverse la nef centrale, entre le transept et le chœur, et celles plus basses qui enca-
drent les miracles ; d'autres montent en ligne
droite, des deux côtés de l'abside, en colonnes bril-
lantes qui font miroiter le marbre des piliers et la
pourpre des tentures. Cependant le fond de l'abside demeure dans une obscurité mystérieuse. Là
s'étale, au-dessus de la chaire, la merveilleuse
« gloire » due au talent du Bernin, immense cadre
ovale en bronze doré, représentant des multitudes
d'anges qui voltigent et se jouent au milieu de nuages légers, d'où fusent vers la voûte et vers le sol de
longs rayons. Ce bronze est assez aminci pour devenir, sous l'effet de puissantes lampes dissimu-
lées, un transparent dont toutes les teintes et toutes les figures resplendiront. Dans la niche centrale, où d'ordinaire la colombe blanche plane
dans le vitrail jaune, on a placé, pour la circonstance, l'image de la Bienheureuse. Mais cette image
demeure voilée, car Mère Anne n'est encore que
vénérable, et c'est seulement à l'instant de la Béatification qu'elle apparaîtra dans la gloire.

Le long des parois de l'abside, jusqu'auprès de
la Confession, se dressent des tribunes de diverses
hauteurs. Dans celle qui est réservée à la famille
pontificale, ont pris place le frère du Pape, mar-
quis della Chiesa, et sa sœur, la comtesse Giulia
della Chiesa, veuve Persico. Dans la tribune di-
plomatique, M. Calbeton y Blanchon, ambassadeur d'Espagne, et M. Van Heuvel, ministre de

Belgique, près du Saint-Siège, assistaient à cette béatification qui intéresse l'Espagne, où naquit la Bienheureuse, et la Belgique, où elle mourut. Hélas ! la France, si empressée à l'accueillir et qui s'édifia de longues années au spectacle de ses vertus, la France n'est pas là, pour applaudir au triomphe de celle dont elle avait la première discerné l'éminente sainteté ; elle n'est point là pour recueillir les premières bénédictions de sa naturelle protectrice. Mais, à défaut d'ambassadeurs officiels, combien de pèlerins représenteront la France autour de la Sainte ! Beaucoup de Carmels ont envoyé des délégués. Trois évêques sont présents : Mgr Marty, évêque de Montauban, Mgr Métreau, évêque de Tulle, Mgr Chatelus, évêque de Nevers. Près d'eux, Mgr Baudrillart, recteur de l'Institut catholique de Paris, dont la récente mission en Espagne n'était pas sans analogie avec celle du cardinal de Bérulle essayant d'intéresser la catholique Espagne en faveur de la France. Le cœur large d'Anne de Saint-Barthélemy se laissa gagner quand la défiance régnait autour d'elle ; qu'elle se souvienne toujours de ses antiques sympathies, et nous garde sa bienveillance si féconde en heureux fruits !

Deux tribunes étaient réservées à l'Ordre des Carmes ; on y remarquait le R. P. Clément des Saints-Faustin et Jovite, préposé général des Carmes déchaussés, avec le procureur général, les définiteurs, les assistants et un groupe compact de religieux ; près d'eux, avaient pris place de nombreux Carmes de l'antique observance. D'autres estrades, appuyées aux piliers de la coupole, portaient aussi des privilégiés, parmi lesquels des religieuses aux costumes variés. On avait ménagé dans le transept quelques enceintes, qui ne s'ouvraient qu'aux porteurs de billets, délivrés par le Postulateur. Mais l'accès de la Basilique était libre, et, dès avant dix heures, une foule, qu'on estime à quinze mille personnes, se pressait autour de la Confession. Un cordon de gendarmes protège les abords du vénérable autel et impose le respect à l'indiscrétion des curieux. Dix heures vont sonner. Il n'y a plus de vides que les bancs à dossiers élevés et recouverts de tapis, rangés au pied des tribunes, sur toute la longueur de l'abside ; ils sont destinés aux dignitaires ecclésiastiques, dont le cortège déjà s'avance.

La cérémonie.

A dix heures précises, les cardinaux qui composent la Congrégation des Rites prennent place dans les banquettes du côté de l'Evangile. Parmi les douze Eminences présentes, on remarque le cardinal archevêque de Tolède, Guisasola y Menendez, venu à Rome pour cette occasion, et que Benoît XV, peu de temps auparavant, a nommé membre de la Congrégation des Rites.

Après le chant de None, le chapitre et le clergé du Vatican, ayant à leur tête le cardinal Merry del Val, archiprêtre de la Basilique, se rendent au chœur, du côté de l'épître. Derrière sont rangés les archevêques, évêques et prélats.

Quant tous se furent assis, le P. Rodrigue de Saint-François-de-Paule, postulateur de la cause, accompagné de Mgr Verde, secrétaire des Rites, s'avance vers le cardinal pro-préfet des Rites, et lui remet le bref de béatification, le priant de vouloir bien en ordonner la lecture. La permission accordée, l'archiviste du chapitre du Vatican, Mgr de Horatiis, monte sur une estrade élevée dans le chœur, et lit à haute voix le bref apostolique.

Quand le lecteur arrive aux paroles par lesquelles le Pape, terminant l'éloge de la vénérable, déclare qu'elle mérite d'être rangée, et la range en effet au nombre des Bienheureuses, tous se lèvent. La « gloire » s'embrase comme un soleil, au haut de l'abside ; le voile tombe, et la Bienheureuse apparaît triomphante, sur les nuées d'or, au milieu d'un chœur d'anges que l'allégresse emporte, les ailes frémissantes, à travers l'espace ; elle tend les bras et lève vers le ciel des yeux pleins d'admiration et de joie. Il semble que la lumière de la vision béatifique inonde son front et se réfléchisse autour d'elle, dorant les nuages, jetant dans l'exultation les chœurs angéliques, dardant au loin, vers le ciel et sur la terre, des rayons éclatants. Cette lumière, qui fait tout à coup succéder à la pénombre l'éclat du soleil, devant laquelle les lampadaires électriques pâlissent comme les étoiles au lever du jour, est ineffablement douce à regarder : toute dorée elle ne semble point de cette terre.

Tandis que cette apparition ravit les yeux, les chantres de la Sixtine entonnent le *Te Deum* de Meluzzi, auquel répond, soutenue par les roulements des orgues, la foule enthousiasmée. Et jusqu'à la fin, le cri, toujours le même, de ces milliers de poitrines acclamant, de toute la force de la foi et de l'amour, la nouvelle Bienheureuse, alterne avec les modulations harmonieuses, délicales, variées de la chorale. Tantôt le chant des choristes s'élève véhément comme un tourbillon, comme si des troupes d'anges emportaient vers l'au-delà profond nos suppliques ; tantôt il s'atténue comme un souffle, comme un soupir : A l'*In Te speravi*, il se ralentit, se prolonge, s'épanouit, en diminuant progressivement d'intensité, comme si le flot des prières venues de la terre, abordant aux rives de l'éternité, expirait au pied de la Majesté divine.

Si quelque chose sur la terre peut donner une idée du ciel, c'est sans doute le spectacle qu'offre Saint-Pierre en ce moment. La lumière dorée, immatérielle, à la fois si brillante et si douce, dont resplendit la béatifiée, et qui reporte la pensée à celle qui, au Thabor, rayonnait du visage transfiguré de Jésus, peut aider à deviner la gloire spirituelle dont la vision béatifique auréole les élus. Le chant suave de la Sixtine, auquel fait écho, comme un tonnerre, la voix puissante des masses, fait songer à ces concerts que saint Jean entendait dans le ciel, doux comme le murmure des harpes, puissant comme le bruit des grandes eaux. Et l'allégresse religieuse qui déborde des âmes, qui se communique de l'une à l'autre et se multiplie, qui s'exhale dans les accents triomphants du *Te Deum*, n'est-elle pas une image de celle qui enivre le cœur des élus ? Et ce temple enfin où tout s'étend, se dilate, s'élargit sans mesure, s'élève à perte de vue, parmi les flots de lumière et le ruissellement des marbres et des ors, où la sensation de l'infini, de toute part envahissante, donne à l'homme la vive impression de sa petitesse et le prosterne dans une adoration joyeuse devant l'immensité de Dieu, quelle vision plus parfaite ici-bas de la cité céleste, où se manifestent sans voile les perfections divines !

Aussi, avec quelle ferveur la prière des assistants monte, avec leurs chants, vers la nouvelle glorifiée ! On croit la voir, lui parler ; on ne peut résister à l'impression qu'elle est présente, qu'elle écoute, qu'elle transmet à Dieu, de ses mains tendues et de ses lèvres entr'ouvertes, les vœux qui lui sont adressés.

Le *Te Deum* vient de finir. Dans le silence, la voix forte de Mgr Virili, archevêque de Ptolémaïs et chanoine du Vatican, chante l'oraison propre de la Bienheureuse : c'est la première prière publique, officielle, faite au nom de l'Eglise. Tous, dans un recueillement profond, s'unissent au célébrant. Combien de vœux cette première oraison dépose aux pieds de la servante de Dieu ! Quelle émotion saisit, dans les tribunes, ces âmes qui se sentent maintenant le droit d'invoquer leur sœur ! Plusieurs essuient des larmes. Comme l'encens, dont l'officiant embaume la Bienheureuse, est bien l'image des hommages brûlants qui s'exhalent des cœurs !

Aussitôt commence la messe solennelle, *de Communi Virginum*, avec oraisons propres. Les chants, à quatre voix, sont exécutés, sous la direction du maestro et compositeur, Commandeur Boezi, par les mêmes chantres. On distribue, durant la messe, les images et la vie abrégée de la Bienheureuse. Ainsi sont inaugurés pour elle les honneurs des autels. Sa sainteté, fruit de la Passion, en est aussi la gloire, et ce sera désormais honorer le Sauveur que d'associer le nom d'Anne de Saint-Barthélemy au mystère de la Rédemption.

Le Pape à Saint-Pierre.

Le soir, le Pape descend à Saint-Pierre pour rendre hommage, en son nom et au nom de l'Eglise entière, à celle qu'il a, le matin, élevée sur les autels. Touchant spectacle et grande leçon ! A la vue du Souverain Pontife prosterné, les fidèles apprennent que l'Eglise, avec la majesté de sa hiérarchie dont le Pape occupe le sommet, avec l'autorité de ses lois dont la plénitude réside dans le Pontife romain, avec la sainteté de ses sacrements et de tous les moyens divins de salut dont le Pape est le dispensateur suprême, l'Eglise instituée par le Christ n'a qu'un seul but : faire des saints ! Quand ce résultat est atteint d'une manière visible, quand l'Eglise est sûre d'avoir envoyé au ciel un vrai saint, elle triomphe et son chef se prosterne ; car rien n'est grand, rien n'est divin comme un saint !

La présence du Pape est le grand attrait de la cérémonie, très courte et très simple, de ce soir. Le Pape vient pour la Bienheureuse, et on vient pour le Pape. La foule est bien plus considérable que ce matin. La cérémonie ne commencera qu'à 5 h. 1/2, et la Basilique ne s'ouvre qu'à 3 h. Cependant, dès midi, malgré le soleil qui, réverbéré par la façade de l'église, par la colonnade et par le pavé de la place, fatigue les yeux et embrase l'air, les portes sont assiégées. Du haut du balcon, au-dessus de la grande baie centrale, une oriflamme déroule, dans ses plis agités par la brise, l'apothéose de la Bienheureuse. Sous le porche, une autre peinture représente la cérémonie de vêture : à genoux au milieu des Sœurs, la postulante reçoit humblement cet habit religieux qu'elle a tant désiré.

A trois heures les portes s'ouvrent : le flot se précipite, contenu par les *San-Pietrini*, qui dirigent les arrivants, selon leurs billets, vers l'une ou l'autre des enceintes qui partagent tout l'intérieur de la Basilique.

Tandis que le grand nombre accède ainsi par le porche, les privilégiés, contournant l'édifice à l'extérieur, pénètrent par les portes voisines des sacristies. Les uns montent aux tribunes ; les autres se groupent dans le transept et dans l'abside. Autour de la Confession de Saint-Pierre, des bancs sont disposés pour le clergé.

C'est maintenant que Saint-Pierre se révèle dans son immensité. Vide, la Basilique paraît grande ; avec la multitude qu'elle abrite, ce soir, elle semble infinie. Sur les bancs, de l'autre côté du large espace laissé libre pour la procession, c'est tout un monde de prêtres, de religieux, de séminaristes ; derrière eux, debout dans les enceintes, une foule innombrable ; les têtes se succèdent sans fin, se rapetissent, se perdent dans le lointain du bras droit du transept. Appuyé aux deux énormes piliers qui font face au tombeau du prince des Apôtres, un double étage de tribunes élève au-dessus de la foule une autre foule. Mais, laissant bien bas à leur pied le plus haut de ces étages, les gigantesques piliers montent, montent toujours, tandis que là-haut, lumineuse, aérienne, perdue dans le bleu, la vaste coupole semble la voûte lointaine du ciel profond. De la Confession vers l'abside, enceintes, banquettes, tribunes se suivent à perte de vue. Dans la nef, vers la porte d'entrée, une multitude compacte : quinze à vingt mille personnes. Cette mer remplit l'immense vaisseau, mais sans déborder ; les bas-côtés demeurent vides, et l'œil s'émerveille de voir, sous les mêmes voûtes, s'étendre à la fois l'océan et le désert.

Là-bas, au fond de l'abside, la Bienheureuse en extase rayonne au sein de sa gloire, dans cette lumière dorée qui charme le regard et dont les anges semblent enivrés. Pourtant, bien que la cérémonie soit pour elle, ce n'est pas vers elle en ce moment que vont les pensées. Les yeux se tournent du côté opposé, vers l'endroit par lequel le Pape va faire son entrée. C'est lui que tout ce peuple attend. Dans le haut de l'église, c'est l'attente recueillie ; on est frappé, en particulier, du silence, de l'attitude grave du clergé rangé autour de la Confession. Mais, plus bas, s'agite une foule bruyante et impatiente. Elle se masse aux barrières érigées des deux côtés du parcours ; tous voudraient arriver aux premières places, et les rangs se serrent, s'écrasent avec le bruit confus des vagues.

Soudain, vers 5 h. 3/4, cette rumeur sourde devint plus intense ; un murmure s'élève : le Pape ! voilà le Pape ! Et les têtes se dressent ; on s'efforce plus encore pour approcher, les exclamations redoublent ; c'est un piétinement, un remous, un mugissement de marée montante. A ce moment, les orgues du chœur retentissent, saluant le Pontife de toute la fougue de leurs jeux : mais leurs roulements se perdent dans le bruit d'océan qui monte de la nef. Le Pape, descendant du Vatican, vient d'entrer dans la chapelle du Saint-Sacrement, où il adore quelques instants à genoux : il se relève pour s'asseoir sur son trône, et la procession commence de se déployer dans Saint-Pierre. En tête, la croix papale, qu'accompagnent les prélats du Palais ; après eux, les commandants de la garde noble, de la garde suisse, de la garde palatine et de la gendarmerie du Vatican, les camériers de cape et d'épée, les « bussolanti » en habit rouge, damassé de fleurs. Enfin, voici le Pape ! Du haut de la *sedia gestatoria*, lentement portée sur les épaules de douze bussolanti, l'étole et la mosette rouges sur le rochet et la soutane de soie blanche, coiffé de la simple calotte blanche, le visage pâle, parcourant d'un regard calme l'immense assistance, dominant tout, Benoît XV, la main droite levée, s'avance en bénissant.

Oh ! dans l'église, l'indicible frémissement ! Les plus proches s'agenouillent ; au loin, les têtes s'inclinent sous sa bénédiction et aussitôt se redressent ; on se hausse, le corps raidi, pour mieux voir ; on se penche des tribunes ; les yeux ne peuvent se détacher de lui, les lèvres murmurent des mots de tendresse ou d'admiration, les bras tendus agitent des mouchoirs. Quel amour, quelle vénération font cortège à ce trône ! Vénération muette — car il est défendu d'acclamer et d'applaudir — mais intense, débordante. Quelle sublime apparition en effet, aux yeux de la foi, que cette blanche vision qui glisse bénissante, au-dessus des têtes ! Puissance céleste, qui vient de Dieu non des hommes, et qui dépasse toutes les grandeurs de la terre ! Puissance pure et sacrée, comme la blancheur de cette robe immaculée ! Puissance bienfaisante, qui n'existe que pour bénir ! Qu'importe que cette puissance s'incarne en de frêles apparences ? C'est le successeur de Pierre, c'est le vicaire du Christ, c'est le Christ visible, qui passe encore au milieu des hommes en faisant le bien.

A ses côtés, se dresse l'épée nue des gardes-nobles, symbole à la fois et du pouvoir temporel, dont les rois de ce monde ne devraient user qu'au service du Christ et de la royauté temporelle du Pontife romain, et du dévouement des fidèles prêts, pour la cause de Dieu, au sacrifice de leur vie. Mais ce symbole est pacifique. Hélas ! l'éclair de cet acier inoffensif évoque à l'esprit les efforts de Benoît XV et ses appels vainement réitérés pour faire rentrer dans le fourreau le glaive sanglant des nations. Dans un instant on lira, aux pieds de la Bienheureuse, la touchante prière que le Pontife, las d'implorer la paix auprès des hommes, a composé lui-même pour l'obtenir de Dieu. Il passe, le prince de la paix : puisse sa bénédiction faire descendre sur le monde la paix si nécessaire, la paix dans la Justice !

A sa suite, revêtus de la pourpre, les cardinaux, au nombre de vingt-quatre. Le cortège contournant, du côté droit, le tombeau de Saint-Pierre, arrive dans l'abside, où l'attendent près de quarante archevêques et évêques. Tandis que la garde noble, debout, sabre au clair, ferme l'entrée du chœur, le Pape descend de son trône et se rend à son faldistorium ou prie-Dieu. Lorsque le Saint-Sacrement est exposé sur l'autel, le Pape met l'encens dans l'encensoir, que lui présente le cardinal Boschi, doyen des cardinaux-prêtres présents ; il s'avance vers l'autel, se prosterne d'abord à terre, puis sur le premier degré, et, à trois reprises, fait monter vers l'Hostie la fumée odorante. Benoit XV accomplit les moindres rites, avec une exactitude et une gravité pénétrées d'une religion profonde. En présence de la Majesté divine rayonnant dans l'ostensoir, la Chapelle Giulia chante, en l'honneur de la Bienheureuse, l'hymne des Vierges. La belle inspiration qui préside à cette cérémonie ! Parmi les hommes, le maître est souvent jaloux de la gloire du serviteur, mais Dieu est fier de ses saints. Leur sainteté est l'œuvre la plus merveilleuse de sa grâce, leur gloire fait resplendir la sienne, les hommages qu'on leur rend remontent d'eux-mêmes vers lui, comme le rayon vers le soleil, et l'Eglise sait qu'elle lui adresse la louange la plus flatteuse en les louant en sa présence.

Après l'oraison, une voix forte récite la prière pour la paix. On n'entend jamais sans émotion cette page, où le Souverain Pontife a mis tout son cœur de père. Cette description des horreurs de la guerre est si vive dans sa sobriété, et cet appel à la miséricorde de Jésus, qui voulait faire de tous les hommes des frères, est si poignant ! Au pied de l'autel, que domine l'image de la Bienheureuse Anne, cette supplication revêt le caractère le plus dramatique, dont toute l'assistance est frappée. Elle semble composée tout exprès pour rappeler, à la libératrice d'Anvers, tous les maux qu'elle épargna jadis à sa patrie d'adoption, et qui ont maintenant fondu sur elle ; pour lui mettre sous les yeux tant de familles privées de leur chefs, tant de pauvres orphelins, tant de foyers détruits, des cités entières désertes dans cette héroïque et malheureuse Belgique, inébranlable dans sa foi comme au temps d'Anne, coupable seulement d'avoir voulu garder ses serments et défendre son honneur ! Les fidèles savent par cœur cette prière. Autour de nous, bien des voix accompagnent la voix lointaine du lecteur, prononçant avec lui les dramatiques paroles, et les yeux se lèvent, pleins de larmes, sur l'image qui plane, suppliante et sereine, dans la gloire... Oh ! oui, sa prière triomphante présente à Dieu notre prière angoissée. Nous en avons la confiance, la libératrice d'Anvers et de la Belgique méritera une fois de plus son nom.

Au *Tantum ergo*, le Saint-Père encense de nouveau et, tandis qu'au commandement sec des officiers, la garde noble présente les armes, les fronts s'inclinent sous le triple signe de croix que l'ostensoir, tenu par Mgr Virili, trace lentement pour les bénir.

Le captif du Tabernacle est rentré dans sa prison ; le moment est venu pour le captif du Vatican de regagner la sienne. Le Général des Carmes, entouré du postulateur et des définiteurs et assistants généraux, s'approche du Souverain Pontife, et lui remet les présents d'usage : la Vie de la Bienheureuse, en parchemin blanc filigrané, aux armes de Benoît XV ; les images en soie, satin et papier ; une partie des dépouilles sacrées enchâssées dans un riche reliquaire ; et, dans un vase d'argent, un bouquet de fleurs artificielles en forme de pyramide.

Le Pontife s'assied sur son trône qui s'élève lentement, et, au chant triomphal du *Tu es Petrus*, il s'avance au milieu de la foule avide de lui. Il passe, cette fois, du côté gauche de la Confession. C'est le même cortège qu'à l'arrivée. Les présents qu'on porte devant lui excitent un peu la curiosité ; le bouquet surtout, pyramide brillante, attire l'attention. Mais, c'est le Pape qu'on veut voir, lui qu'on regarde de loin arriver sur son trône, qu'on dévore des yeux à son passage, qu'on suit encore quand il s'éloigne. L'émotion est plus vive qu'à l'entrée. La curiosité avait alors sa part ; maintenant qu'elle est satisfaite, seules la tendresse et la vénération remplissent les cœurs ; on s'apprêtait alors à jouir de lui, maintenant c'est le dernier adieu, c'est la séparation, c'est la suprême bénédiction du Père et la suprême manifestation d'amour des enfants. Aussi les cœurs débordent, les yeux se mouillent, des mères envoient au Pontife le baiser de leurs enfants, des milliers de mains le saluent, les mouchoirs voltigent au-dessus des têtes en acclamations muettes.

La vision blanche a disparu. Après elle, le défilé rouge des cardinaux continue encore, mais sans retenir l'attention ; déjà la foule s'empresse aux sorties.

Remontant, non sans peine, le courant, quelques groupes se dirigent vers l'abside, à présent ouverte au public. Là, aux pieds de la Bienheureuse toujours resplendissante de gloire, il fait bon prier. Elle qui, fille de l'Espagne, sentit son cœur, tout comme autrefois l'illustre fille de France, Jeanne d'Arc, s'émouvoir des malheurs de notre patrie, qu'elle daigne prendre en pitié la grande désolation dont souffre aujourd'hui le pays qui lui fut si cher, et continue encore en notre faveur sa mission de salut ! Qu'elle se souvienne de la Belgique martyre ; qu'elle hâte l'heure de la délivrance, l'heure où l'héroïque nation jouira, dans une restauration glorieuse, de la reconnaissance et de l'admiration du monde ! Enfin, que son exemple et son intercession perpétuent dans l'Eglise et spécialement dans le Carmel, le secret de cette prière victorieuse dont ses mains, tendues vers le ciel dans une nuit d'angoisse, demeurent, comme celles de Moïse, le merveilleux symbole.

La sortie.

Depuis de longs instants, les larges baies de la basilique déversent sans arrêt leurs flots. Ils couvrent l'esplanade, qui est de plein pied avec le porche ; ils roulent sur les degrés ; on dirait qu'ils vont inonder la place. Mais les flots, d'abord serrés, se dispersent en avançant, se résolvent en minces ruisseaux qui laissent entre eux de larges espaces, et s'écoulent enfin de tous côtés. C'est seulement au temps qu'ils mettent à atteindre l'extrémité de la colonnade, et en voyant les larges taches noires se réduire là-bas à des points, qu'on devine l'immensité de la place. Les hautes colonnades qui, des deux côtés, la contournent et s'avancent l'une vers l'autre sans pourtant se rejoindre, semblent deux grands bras qui, après s'être cordialement ouverts pour accueillir la foule, s'efforcent maintenant de la retenir.

Le spectacle du dehors prolonge l'apothéose de la Bienheureuse. Pour elle, en effet, cette foule, composée de représentants de tant de nations, dont plusieurs accourus de si loin ! Pour elle, la grandiose église qui, de la façade où flotte son étendard à l'abside resplendissante de sa gloire, proclame son triomphe ! Pour elle, cette place qui s'élargit sans mesure à l'empressement de ses admirateurs ! Pour elle cette accueillante avenue qui, d'une démarche si noble, s'avance pour recevoir les pèlerins et les accompagne si longtemps à leur départ ! Pour elle encore, en ce soir de mai, cette atmosphère radieuse, embaumée, attiédie, qui épanouit l'âme ! Pour elle ce beau ciel d'Italie et de Rome, où le soleil couchant allume lui aussi sa gloire ! Pour elle ce vaste horizon qui s'étend, par-dessus les palais de Rome, jusqu'aux cimes violettes des monts Sabins ! Qu'elle était loin de rêver apothéose pareille, l'humble Carmélite, la petite bergère d'Almendral ! Seule, Rome, la capitale du monde chrétien, la ville des Papes, peut offrir à ses héros, les Saints, des fêtes dignes d'eux. Et c'est aussi la seule fête à laquelle le cœur puisse se livrer sans regrets, en ce temps de guerre effroyable, parce que seule elle promet consolation, espérance et réconfort à ceux qui combattent et qui souffrent (1).

(1) Ce compte rendu des fêtes de la Bienheureuse Anne de Saint-Barthélemy est l'œuvre d'un Père de Bétharram.

TABLE DES MATIÈRES

LA BIENHEUREUSE ANNE DE SAINT-BARTHÉLEMY

Rodez, imp. Carrère. 4118.2000